Inhalt

Vorwort 7

Kinder in Deutschland und ihre Heimtiere 9
   Demographische Situation 9
   Risikofaktoren kindlicher Entwicklung 10
   Lernbedingungen kindlicher Entwicklung 11
   Kinder und Heimtiere 12
   Kinder und ihre Hunde – Ergebnisse einer
   psychologischen Untersuchung 23

Ärzte, Psychologen und Pädagogen beurteilen die
Wirkung von Heimtieren 57
   Heimtiere als Medizin 58
   Heimtiere als Miterzieher 60

Was Eltern über Hunde wissen sollten und auch
Kinder lernen müssen 71
   Hundekauf, Ernährung, Pflege, Impfungen und
   Tierarztbesuch 71
   Kinderfreundliche Hunderassen 77
   Hundeverhalten und Regeln des Umgangs
   mit einem Hund 100

Was Eltern über andere Heimtiere wissen sollten 111

Ausblick 118

Vorwort

Wir leben immer noch in einer Welt der zunehmenden Entfremdung des Menschen von Natur und Kreatur. Wir leben aber auch in einer Welt des Fernsehens, der ansteigenden Alltagsaggressionen, der zwischenmenschlichen Konflikte, der Feindbilder, der Verhaltensstörungen und der psychosomatischen Erkrankungen. Das ursprünglich selbstverständliche Zusammenleben der Menschen mit ihren Heimtieren ist nicht mehr gegeben; geblieben ist aber die Sehnsucht der Kinder nach Tieren. Die Erfüllung dieser Wünsche wird ihnen jedoch auf vielfältige Weise immer schwerer gemacht; der geradezu neurotische Drang in unserer Gesellschaft, alles und jedes regeln zu wollen, mindert zunehmend Lebensqualität und Wohlbefinden. In einer solchen Situation gewinnt in der Psychologie, Pädagogik und Medizin zunehmend auch die Frage nach der Bedeutung von Heimtieren für Menschen im allgemeinen und bestimmte Risikogruppen im besonderen an Bedeutung. Unsere Untersuchungen haben sich zunächst mit dem Verhältnis des Menschen zu seinen Hunden und Katzen im allgemeinen befaßt; die Ergebnisse einer weiteren Untersuchung „Kinder und Hunde" legen wir mit diesem Buch vor. Wir hoffen, damit insbesondere Eltern Anregungen zum Nachdenken, Handeln und Verhalten zu vermitteln; auch sollten unsere Gespräche mit Kindern Eltern helfen, ihre Kinder vielleicht noch etwas näher kennenzulernen, als dies trotz vieler Beteuerungen, vielfach der Fall ist.

Ich bedanke mich herzlich bei Frau Christa Fuglsang von der „Interessengemeinschaft deutscher Hundehalter e.V." für ihre sachlich fundierte Unterstützung bei der Beratung und Beschaffung von Informations- und Bildmaterial; es war dies für uns von wesentlicher Bedeutung; ich bedanke mich darüber hinaus bei allen Mitarbeitern des Institutes der „Stiftung für empirische Sozialforschung Prof. Bergler" für ihren Beitrag bei der Planung, Durchführung und Auswertung der Studien, und dabei insbesondere Frau Dipl. Psych. Angelika Schäufl; schließlich gilt mein besonderer Dank auch noch Frau Inge Orth für die so sorgfältige Betreuung des Manuskriptes.

Reinhold Bergler, Bonn 1994

Kinder in Deutschland und ihre Heimtiere

Demographische Situation

Viele Kinder in Deutschland wachsen heute nicht mehr auf, wie sie sich das wünschen, nicht mehr so, wie es sein sollte, und auch nicht so, wie viele glauben, daß es immer noch der Fall ist. Wir entwickeln uns nicht nur zunehmend zu einem nicht kinderfreundlichen Land, sondern wir müssen heute auch feststellen, daß immer mehr Kinder als Einzelkinder, als Kinder alleinerziehender Mütter oder auch Väter, als „einsame" Kinder von Eltern, die beide ganztägig berufstätig sind, und als Kinder aus gestörten bzw. geschiedenen Ehen aufwachsen. Viele Kinder sind zu „Schlüsselkindern" geworden, sie sind weitgehend den ganzen Tag über sich selbst überlassen, und dies beinhaltet eine Reihe von Risikofaktoren für die spätere Entwicklung, wofür aber eindeutig die Erwachsenen die Verantwortung tragen.

Kinder in Deutschland	
Kinder insgesamt	17,538 Mill.
Davon Einzelkinder	5,458 Mill.
Kinder alleinerziehender berufstätiger Mütter/Väter bzw. von Müttern und Vätern, die beide berufstätig sind	7,866 Mill.
Davon Einzelkinder	2,609 Mill.

Hinzu kommt, daß immer mehr Ehen geschieden werden; im Jahre 1990 waren davon 87 328 Kinder und Jugendliche unter

18 Jahren betroffen. Nicht in Zahlen ausweisbar sind jene Kinder, die in sehr konfliktreichen Partnerschaften aufwachsen und sich dadurch in einem Milieu entwickeln müssen, das Empfindungen der Geborgenheit, der Gemeinsamkeit, der wechselseitigen liebevollen Zuwendung nicht aufkommen läßt. Eine Vielzahl kindlicher Wünsche – vor allem nichtmaterieller Art – bleibt unerhört und unerfüllt.

Risikofaktoren kindlicher Entwicklung

Eltern haben heutzutage nicht selten ein schlechtes Gewissen, weil sie keine bzw. zu wenig Zeit für ihre Kinder haben; hinzu kommt eine weit verbreitete Erziehungsunsicherheit; immer wieder stellt man sich die Frage: Wie soll man eigentlich seine Kinder erziehen? Daraus erwächst nicht selten ein sehr inkonsequentes Erziehungsverhalten, und dies macht die Eltern für ihre Kinder wenig „berechenbar". Auf diesem Hintergrund entwickeln sich heute vielfältige Risikofaktoren der kindlichen Entwicklung; sie reichen von der Verwöhnung bis zur Vereinsamung und Vernachlässigung, von der Überbehütung bis zur Gleichgültigkeit und Verachtung. Kinder – das werden wir an späterer Stelle noch weiter veranschaulichen – üben heute eine sehr vielschichtige und auch tiefgehende Erwachsenenkritik; sie bezieht sich in den wenigsten Fällen auf das Nichterfüllen irgendwelcher materieller Wünsche, sondern wesentlich auf die Vielzahl alltäglicher seelischer Vernachlässigungen und Schädigungen.

Risikofaktoren kindlicher Entwicklung: Das Elternverhalten

Erziehungsunsicherheit	Abhängigkeit
Gleichgültigkeit	Alleinsein – Einsamkeit
Laissez-faire-Erziehung	Elternkonflikte
Überbehütung	Inkonsequenz des Verhaltens
Vernachlässigung	Defizite an Vorbildverhalten
Gewalt/Aggression	

Natürlich treffen solche Risikofaktoren nicht für alle Kinder in Deutschland zu; aber es ist sicherlich nicht übertrieben, davon auszugehen, daß bei über der Hälfte der Kinder mindestens einige dieser Belastungsfaktoren zutreffen und der zukünftigen Entwicklung nicht förderlich sind. Man kann die Mißerfolge der Erziehung nicht einfach auf unkontrollierbare Einflüsse von außen und nur die Erfolge der eigenen Tüchtigkeit zuschreiben; wir selbst müssen uns als Eltern immer danach fragen lassen, in welchem Umfang wir wirklich alles unternehmen, um die bekannten Risikofaktoren kindlicher Entwicklung soweit wie möglich auszuscheiden. Keiner sollte eigentlich sagen können, er hätte es nicht gewußt.

Lernbedingungen kindlicher Entwicklung

Wir kennen heute nun nicht nur die Risikofaktoren, sondern wir wissen auch, welche Bedingungen erfüllt sein müssen, wenn Kinder gut lernen und sich als Menschen wünschenswert entwickeln sollen; alles, was geeignet ist, diese Bedingungen herbeizuführen und zu gewährleisten, sollte von Eltern veranlaßt und gefördert werden. Schon an dieser Stelle soll deshalb nicht unerwähnt bleiben, daß Heimtiere – obwohl sie Eltern niemals „ersetzen" können – eine wesentliche, wissenschaftlich nachweisbare und von den Kindern immer erwünschte „Erziehungshilfe" sind: Heimtiere sind dabei hilfreich, zentrale Risikofaktoren der kindlichen Entwicklung wie Einsamkeit, Konflikte und Vernachlässigung durch die Eltern zu vermeiden; darüber hinaus fördern Heimtiere aber auch das Entstehen günstiger Rahmenbedingungen für das Lernen; sie fordern auf zu einer ungetrübten Eroberung der Umwelt und fördern positive Erfahrungen und Erlebnisse. Erziehung muß wesentlich zur Entwicklung der Beziehungsfähigkeit, der sozialen Verantwortlichkeit, der Entwicklung von Lernfähigkeit und Phantasie, der Zuverlässigkeit, aber auch der Entwicklung der Gefühle beitragen. Was in diesem Zusammenhang Heimtiere, insbesondere Hunde, für Kinder bedeuten und bewirken können, zeigen unsere Untersuchungen, in denen auch immer wieder die Kinder ausführlich zu Wort kommen.

Lernbedingungen kindlicher Entwicklung

Kinder lernen durch
- das kontinuierliche verbale und nonverbale Gespräch mit sich selbst, den Dingen, den Tieren und den Menschen
- soziale Anregung und Unterstützung
- Eroberung der Umwelt durch Erfolg und Mißerfolg
- Beobachtung und Beobachtungstraining
- Auseinandersetzung und problemlösende Konflikte
- Konsequentes Verhalten und Zielorientierung
- Vorbild und Vertrauen
- Versuch und Irrtum
- Fragen und Antworten
- Spiel und Spaß, Abwechslung und Phantasieanregung
- sympathische Zuwendung: Da-sein
- Verstehen und Verzeihen

Kinder und Heimtiere

Die Tierwelt als Lieblingswelt der Kinder

Kinder leben am liebsten in einer Welt der Tiere und möchten ihnen alltäglich zu Hause, in ihren Büchern, Zeitschriften, am Fernseher, aber auch im Zoo begegnen. Für Kinder sind Heimtiere selbstverständlich: Es ist ihnen daher unverständlich und schmerzt sie, wenn sie von ihren Eltern keine Heimtiere bekommen.

Alle Kinder haben auch ihre *Lieblingstiere*, und sie können sehr anschaulich beschreiben, was sie an den verschiedenen Tieren besonders lieben. So sind *Hunde* für Kinder ideale Spielgefährten, weil man „so toll mit ihnen spielen und so viel mit ihnen machen kann"; sie vermitteln den Kindern aber auch Gefühle der Zärtlichkeit und der Schönheit: „...ich finde Hunde süß, kuschelig und weich, ...sie sind halt einfach goldig...". Hunde sind aber für Kinder immer auch verständnisvolle Freunde, von denen man glaubt, daß sie alles verstehen, weil sie als „der älteste Freund des Menschen" gelten. Hinzu kommt für Kinder, daß ihnen Hunde das Gefühl der Sicherheit, des Schutzes vermitteln.

Katzen werden von Kindern als Lieblingstiere beschrieben, „weil man mit denen schön schmusen kann; weil sie so schön weich sind..., weil sie schnurren..., weil sie so einen schönen Kopf haben..., weil sie so schöne Augen haben und weil sie überhaupt die schönsten Tiere auf der Welt sind...". Kinder lieben Katzen aber auch, weil diese unabhängig sind, sich – so meinen die Kinder – selbst versorgen, pflegeleicht, aber auch sehr geschickte Kletterer und nicht zuletzt irgendwie geheimnisvolle Tiere sind.

Die Liebe zu *Pferden* ist schon für Kinder eine wichtige und interessante Freizeiterfahrung, die mit einer besonders intensiven Beschäftigung mit dem Tier verbunden ist: „...ich liebe Pferde, weil man mit ihnen etwas machen kann; die Chance, auch mal zu reiten, und weil ich sie striegeln und pflegen kann...". Pferde sind für Kinder aber immer auch sehr schöne Tiere: „...Pferde sehen einfach schön aus, vor allem die Fohlen...". In Verbindung mit dem Lieblingstier Pferd wird aber auch die Möglichkeit gesehen, dann „...im Stall mit anderen Menschen zusammenzutreffen, die das gleiche mögen wie ich".

Der Besuch von Tiergärten und das Fernsehen haben für Kinder die Anzahl ihrer Lieblingstiere noch deutlich erweitert; auch in diesem Zusammenhang schildern sie ihre Erlebnisse, Wahrnehmungen und Empfindungen originell und anschaulich:

Kinder lieben *Großkatzen*: „...weil sie toll aussehen und schöne leuchtende Augen haben; es ist schön, sie zu beobachten, wenn sie sich bewegen; sie können gut klettern; weil sie stark und schnell sind."

Kinder lieben *Affen*: „...die machen immer Spaß; sie sind meistens lustig; weil sie immer Quatsch machen ...sind so richtig witzig."

„...sie können weit springen; die können soviel; ich schaue gern zu, wenn die rumklettern ...die sind so richtig sportlich."

„...sie kraulen und lausen sich gegenseitig; sie halten zusammen ...und sind dem Menschen so ähnlich."

Kinder lieben *Elefanten*: „...haben so liebe Augen; groß und mächtig; die sind schön; das Aussehen; mit ihren Rüsseln; die schauen so gewaltig aus; es sind halt große Tiere, die man sonst nur aus dem Fernsehen kennt...".

Kinder lieben aber auch *Wasserschildkröten*: „...weil sie interessant von der Haltung her sind; und vom Aussehen, sie sind halt schön...".

Kinder lieben Großvögel wie den *Adler*: „...weil er stark ist; weil er fliegen kann, wohin er will...".

Kinder lieben *Delphine*: „...weil sie intelligent sind; weil sie im Wasser sind, ich mag das Wasser und Schwimmen...".

Kinder lieben *Giraffen*: „...weil das so schöne Tiere sind, weil sie so schöne Augen haben..., weil sie ein so tolles Fell haben..."; aber auch *Bären*: „...weil die so tapsig sind und dauernd umfallen; die finde ich so kuschelig, besonders die kleinen...".

Versucht man zu ergründen, welche Motive hinter der Wahl der verschiedenen Lieblingstiere stehen, dann wird eine Vielfalt von Bedürfnissen erkennbar; Tiere werden erlebt als stets willkommene Spielgefährten, als anhängliche und zuverlässige Freunde, als Beschützer und Bewacher, als „Spaßmacher", als Vermittler von Zärtlichkeit, Geselligkeit, Schönheit, aber auch als imponierende „Persönlichkeiten" mit Kraft, Eigenwilligkeit und Intelligenz.

Es gibt bei Kindern keine Übersättigung beim Beobachten und Erleben von Tieren in der eigenen Familie, bei Freunden, im Zoo, aber auch im Fernsehen und bei Tiergeschichten; Tiergeschichten in allen Variationen stoßen auf hohes und andauerndes Interesse und werden immer wieder gelesen.

85 % der Kinder schauen sich gerne Tiersendungen im Fernsehen an; 77 % lesen gerne Tiergeschichten in Büchern und Zeitschriften. Diese Tiergeschichten werden mit besonderer Aufmerksamkeit gelesen, bleiben deshalb erstaunlich gut im Gedächtnis haften und können dann auch immer wieder zur eigenen und zur Freude anderer weitererzählt werden. Dinge, die man liebt, lernt man eben immer leichter als solche, bei denen dies nicht der Fall ist; damit wird aber gleichzeitig das menschliche Gedächtnis anhand von Informationen, mit denen man sich gerne beschäftigt, trainiert. Tiere schulen also nicht nur unsere Beobachtungsfähigkeit, sondern trainieren auch unser Gedächtnis und dann – wenn wir anderen unsere Tiergeschichten erzählen – auch unser Sprachvermögen.

Es ist den Kindern in unserer Untersuchung nie schwergefallen, sich an irgendwelche Tiersendungen oder auch Tiergeschichten zu erinnern und sie dann auch erstaunlich genau nachzuerzählen.

Kinder erwähnen in diesem Zusammenhang die verschiedensten Pferdegeschichten (Blitz, Fury, Der schwarze Hengst, Flicka, Immenhof, Black Beauty), aber auch Sachbücher und Dokumentarfilme, in denen man das Verhalten der verschiedenen Tiere besonders intensiv verfolgen kann; neben den verschiedenen Hundefilmen (Lassie, Boomer) haben sich den Kindern besonders auch solche Sendungen eingeprägt, in denen Kinder zusammen mit Tieren Abenteuer bestehen; als beispielhafte Ausschnitte aus den vielfältigen Erinnerungen der Kinder seien angeführt: Walt-Disney-Filme, Tierarztgeschichten, Flipper, Maxi das Meerschweinchen, Tiermärchen, Susi und Strolch. Wie stark Kinder von solchen Sendungen und Büchern beeindruckt werden, läßt sich am besten mit den Schilderungen der Kinder selbst veranschaulichen; wir haben dabei ihre Äußerungen nach den verschiedenen Themengruppen geordnet:

Tier rettet Mensch aus der Gefahr/hilft Menschen
„...Bernhard und Bianca sind zwei Mäuse, die ein kleines Mädchen retten müssen. Das wird von einer bösen Hexe ge-

fangen gehalten, und die Mäuse müssen viele Abenteuer bestehen..."

„...wenn ein Feuer ausbricht, daß Lassie dann jemand holt und Hilfe bringt..."

„...da gab's mal so eine Geschichte, da hat ein Hund eine ganze Familie gerettet. Das fand ich toll..."

Dokumentarfilme/Sachbücher über Tiere
„...über das Leben von Wildpferden in Frankreich, wie man die einfängt und wie sie in freier Natur leben..."

„...ich habe schon einmal eine tolle Dokumentation über Raubtiere gesehen, wie die leben, Junge bekommen und jagen..."

„...ein Film über Paarung von Tintenfischen..."

Freundschaft zwischen Mensch und Tier
„...von einem Eskimo, der einen Polarfuchs hatte. Das fand ich ganz toll, wie die sich verstanden haben..."

„...eine Familie ist ganz allein in die Berge ausgewandert. Da hatten sie nach gar nicht langer Zeit alle möglichen Tiere: Waschbären, große Bären, einen Vogel, einen kleinen Bären. Es war schön, wie die Familie in den Bergen wohnte und Spaß mit den Tieren hatte..."

Mensch und Tier erleben Abenteuer
„...Cap und Capper, eine Hundefamilie mit vielen Babies, die Abenteuer erlebt haben..."

„...da war ein Ponyhof, auf dem man Ferien machen konnte, und die Kinder haben die Tiere versorgt und sind auch geritten und haben halt Abenteuer erlebt..."

Mensch hilft Tier
„...eine Geschichte von einem Mädchen mit einem Pferd, das verkauft werden sollte, weil die Familie das Geld brauchte. Dann haben sich alle Freunde des Mädchens zusammengetan und das Pferd gerettet..."

„...in ‚Das Geheimnis der Kräheninsel' wird von Jugendlichen berichtet, die erleben, wie sich ein Wal verschwimmt und in einem Fluß gesichtet wird. Die Jugendlichen unternehmen allerlei, um den Wal ins Meer zurückzuführen..."

„...ein Seehund wurde angeschossen, aber dann doch noch gerettet. Das war spannend, und ich war froh, als der Seehund gerettet wurde..."

Tier hilft Menschen
„...da läuft ein Mädchen von zu Hause weg, landet auf einem Reiterhof. Sie lernt dort zu reiten. Sie versöhnt sich mit ihren Eltern und bekommt dort ein Pferd..."

Tiere machen für Kinder – das ist keine Frage – einen entscheidenden Teil ihrer Lieblingswelt aus. Insofern stehen Tiere, und dann zunehmend Heimtiere, im Mittelpunkt kindlicher Lebensqualität. Was Tiere für ein Kind bedeuten, vermögen Erwachsene nur sehr unvollständig und dann immer etwas zu „vernünftig" und vielfach nur einseitig wahrzunehmen und zu beurteilen. Was Heimtiere für das Kind und damit aber auch für eine Familie wirklich zu leisten vermögen, erkennt man immer erst dann, wenn man weiß, was sie für Kinder in den unterschiedlichsten Situationen und Erlebnislagen und mit welcher Gefühlsintensität zu bedeuten vermögen. Wir können und müssen auf der Grundlage unserer Untersuchungen feststellen, daß Heimtiere für ein Kind im Regelfall viel mehr bedeuten, als sich dies üblicherweise Eltern und Erwachsene vorstellen können.

Kinder wissen allerdings auch schon besonders gute Tiergeschichten von solchen zu unterscheiden, die ihnen weniger gut gefallen, und die sie dann auch nachdrücklich ablehnen; zu letzteren gehören „Sendungen, in denen Tiere sterben, wo Tiere gequält werden" oder „kitschige Filme mit Wundertieren, die gar nicht normal reagieren, so wie mein Hund" oder auch Filme „...wo Tiere zu Monstern gemacht werden" oder „wo Tiere wie bei Bonanza nur benutzt werden". Daß es auch bei Kindern schon Aversionen gegenüber Spinnen, Schlangen, Ratten und Haien gibt, zeigen weitere Aussagen in diesem Zusammenhang.

Fassen wir zusammen: Kindern, die ohne Erlebnisse mit Tieren aufwachsen, fehlen in ihrer Entwicklung existentiell wesentliche Erlebnisse und Erfahrungen. Eltern sollten darum alles tun, um Kindern den Zugang zu Tieren zu einem möglichst frühen Zeitpunkt ihrer Entwicklung zu ermöglichen.

Die ersten Tiererlebnisse

Wie nachhaltig Kinder von Heimtieren schon in frühester Zeit beeindruckt werden, kann man am besten an dem hohen Erinnerungswert erkennen, den Erlebnisse mit Heimtieren für Kinder besitzen. Kinder wollen und suchen Erlebnisse mit Tieren und reden gerne darüber. Sie berichten dabei überwiegend schöne und lustige Erlebnisse und Geschichten, aber natürlich auch traurige.

67 % unserer Kinder, z. T. schon erwachsen, erzählen nur frohe Erlebnisse, Erfahrungen und Erinnerungen:

Heimtiere als Spielpartner
„...ich denke an die kleinen Katzen unserer Nachbarn, die hatten es mir als Kind angetan. Die habe ich rumgeschleppt, in den Puppenwagen gelegt; mit unserem Hofhund habe ich oft gebalgt, das war schön..."

Lustige Erlebnisse mit Tieren
„...besonders lustig war unser Spitz. Der konnte eine Leiter raufklettern und wieder runter; ein besonderes Ereignis war es immer im Sommer, wenn wir den Hund gebadet haben. Da haben wir eine Wanne in den Hof gestellt, und der Hund hat das nicht gern gemocht, und das war immer ein lustiges Theater, ehe wir ihn in die Wanne gekriegt haben..."

Pflege und Versorgung von Heimtieren
„...ich bin auf einem Bauernhof groß geworden. Hatte schon als Kind sehr viel Umgang mit Tieren. Ich habe mich um sie ganz allein kümmern müssen, das hat mir viel Spaß gemacht,

Kind und Hund, das kann eine echte Freundschaft sein, eine enge und herzliche Freundschaft auf viele Jahre. Ein Hund bedeutet für den jungen Menschen aber auch Verantwortung und die Übernahme von täglichen Pflichten. Dafür gibt der Hund seine ganze Treue und Anhänglichkeit.

und deshalb habe ich sicherlich auch ein Heimtier in der Großstadt später vermißt. Deshalb haben wir uns auch eines angeschafft; als Halbwüchsige sind wir mit den Ziegen und Kühen zur Weide gegangen..."

Heimtiere als Vermittler von Zärtlichkeit
„...die kleinen Hasen habe ich gerne gestreichelt; wir hatten am liebsten die kleinen Katzen genommen und sie gestreichelt..."

Gassi führen, Spazierengehen
„...ich bin sehr gern mit dem Hund spazierengegangen; unser Nachbar hatte einen Hund, mit dem durften wir manchmal spazierengehen..."

Geburt
„...sehr beeindruckt hat mich die Geburt von zwei Ziegen; gefreut hat mich als kleines Kind, wenn unsere Katze neue junge Kätzchen bekommen hat. Sie waren für ein Kind doch sehr niedlich..."

Gesundpflegen
„...bevor wir hier eingezogen sind, haben wir in einem Mietshaus gewohnt, wo auch andere Kinder mitwohnten, und da hat ein Kind mal einen kleinen Vogel mitgebracht, den es auf der Straße gefunden hat. Wir Kinder haben diesen Vogel großgezogen, haben einen richtigen Plan aufgestellt, wer wann mit Futter dran ist..."

Verhaltensbeobachtung
„...ich war immer neugierig, wie die sich verhalten, was die machen, das war immer spannend; beim Tierarzt war es immer interessant, wie sich Tiere auf so engem Raum verhalten..."

Natürlich haben Kinder auch ihre Erfahrungen mit weniger erfreulichen Dingen in Verbindung mit Heimtieren gemacht; sie haben frühzeitig gelernt, wie nahe Sonnen- und Schattenseiten bei Lebewesen beieinander sind. Anders gesagt: Die Wirklichkeit des Lebens begegnet Kindern vielfach zunächst in der Erlebniswirklichkeit von Heimtieren, die sie ja in besonders intensiver Art und Weise anzusprechen vermögen. Nur was uns auch in unseren Gefühlen nachhaltig beeindruckt, hat seine Auswirkungen auf unser Handeln und Verhalten. Was hat nun alles Kinder bei Tieren betroffen und traurig gemacht?

Kurzzeitiges Entwischen des Tieres
„...mit der Landschildkröte, die war mir einige Male abgehauen. Wir mußten sie suchen. Die Nachbarn haben sie dann zurückgebracht;" „er ist uns öfters entwischt; wenn ich den Käfig sauber gemacht habe oder ihn zum Spielen rausgenommen habe, hat er immer versucht, zu entwischen. Ich habe dann immer lange gebraucht, um ihn wieder einzufangen..."

Tod von Heimtieren
„...traurig war, wie wir das Karnickel verloren haben. Nachbarn sollten während des Urlaubs aufpassen, und deren Kinder hatten es abends in den Garten gelassen. Der Marder hatte ihm vorn alles aufgerissen. Als wir ankamen, starb der Hase. Er war noch ganz warm; oder wenn einer überfahren worden ist, das war nicht einfach..."

Verletzte Tiere / Tierunfälle
„...ein dusseliger Kater ist aus dem Fenster gesprungen und hat dabei einen Zahn verloren; die Katze hat sich die Pfote in der Tür eingeklemmt – war gebrochen..."

Gewalt von Tieren gegen Tiere
„...die Schildkröte hat Fische aus dem Aquarium gefressen." „Der Hund vom Nachbarn hat das Meerschweinchen mal verfolgt, der Nachbar hat ihn gerade noch zurückgehalten;" „Hugo, unser Kater, hat mal mit dem Hamster zu heftig gespielt, der war dann tot. Aber wir haben dann wieder zwei neue Hamster bekommen..."

Unerwünschtes Verhalten von Heimtieren
„...das Bellen hat mich gestört; wenn der Hund sonntags, wenn ich länger schlafen wollte, schon ungeduldig an der Schlafzimmertür kratzte, weil er raus wollte." „Wenn Katzen rollig wurden, weil sie dann unter unserem Fenster ein Katzengejaule veranstalteten, und das bloß wegen einem Kater..."

Angst vor Hunden
„...er war ziemlich knurrig, aber trotzdem ganz friedlich, und hat niemals jemandem etwas getan. Einmal ist ein kleiner Junge vor Schreck hingefallen, weil der Hund auf ihn zugerannt kam – aber er hat ihn nur begrüßt und abgeschleckt..."

Beschädigung von Einrichtungsgegenständen
„...der Hund von Nachbarn hat unheimlich viele Türen zerkratzt." „Wenn wir hinter den Tieren herräumen mußten, weil die wieder was umgeschmissen hatten..."

Die ersten Tiererlebnisse, so wie sie Kinder berichten, zeigen, wie genau sie Tiere beobachten, wie intensiv das Erleben ist, und wie nachhaltig sich alles schon im kindlichen Gedächtnis niederschlägt. Dies alles ist nur möglich, weil hier tiefliegende kindliche Wünsche und Bedürfnisse angesprochen werden; nur weil dies so ist, verläuft die Auseinandersetzung mit der persönlich erfahrenen Tierwelt mit soviel Nachhaltigkeit und soviel Nachwirkungen. Kinder, die ohne Heimtiere aufwachsen, sind, was ihren Erlebnisreichtum und ihre Erfahrungen im Umgang mit Lebewesen anbelangt, benachteiligt.

Der Tierbesitz von Kindern und Jugendlichen

Wir haben einen repräsentativen Querschnitt von Kindern und Jugendlichen im Alter zwischen 13 und 16 Jahren danach gefragt, ob sie zur Zeit ein Heimtier besitzen und wenn ja, um welches es sich dabei handelt. Die Ergebnisse machen deutlich, daß 38 % der Befragten kein Heimtier zu Hause haben; darüber hinaus wird aber auch erkennbar, daß viele Kinder nicht nur ein Heimtier, sondern mehrere besitzen.

Tiere im Haushalt   Anzahl der Nennungen
Kinder und Jugendliche: 13–16 Jahre   in Prozent (n=400)
(Mehrfachnennungen möglich)

	Gesamt	männlich	weiblich
Hund	20%	18%	23%
Katze	22%	21%	24%
Vögel (Wellensittich u. ä.)	24%	21%	24%
Schildkröten	10%	2%	1%
Zierfische	6%	6%	7%
Andere Tiere wie Hamster, Meerschweinchen, Kaninchen, Hasen	16%	13%	19%
Keine Tiere im Haushalt	38%	46%	30%

Die Ergebnisse zeigen, daß die Mehrzahl der Kinder und Jugendlichen ein Heimtier besitzt; in besonders ausgeprägtem Maße gilt dies für Mädchen. Die Liebe zu Tieren und ihrer Welt spiegelt sich also auch im Umfang des persönlichen Heimtierbesitzes wider, und dabei kann man mit Sicherheit davon ausgehen, daß viele, die gegenwärtig kein Heimtier besitzen, sehr gerne ein solches hätten; Widerstände der Bürokratie – Verbot von Heimtieren in vielen Mietwohnungen – und auch der Eltern sind die wesentlichen Ursachen, daß solche Wünsche bisher nicht in Erfüllung gegangen sind.

Kinder und ihre Hunde –
Ergebnisse einer psychologischen Untersuchung

Wirklich wissenschaftliche Untersuchungen mit aussagefähigen, d. h. auch generell gültigen und verallgemeinerungsfähigen Ergebnissen zu der Beziehung von Kindern zu ihren Heimtieren wurden bisher nicht vorgelegt.

Wir haben nun in einer mehrstufigen Untersuchung insgesamt 150 Jungen und 150 Mädchen im Alter von 10-14 Jahren in ausführlichen zweistündigen Gesprächen mit Diplompsychologen darüber befragt, was Hunde für sie sind und bedeuten; 150 Kinder waren Einzelkinder; 100 besuchen die Grund-, 75 die Realschule und 125 das Gymnasium.

Wir haben uns in dieser Untersuchung mit Hunden – sicherlich stellvertretend auch für andere Heimtiere – beschäftigt, weil sich gerade bei diesen die ganze Vielfalt von Erfahrungen und Erlebnissen mit einem Heimtier besonders anschaulich nachweisen läßt: Hunde sind eben immer da, wenn das Kind es wünscht, man kann sie mitnehmen, mit ihnen ohne Angst die Umwelt erleben, sie bleiben da, wenn man krank ist, sie sind unterhaltsam, man kann ihnen alles erzählen, sie sind aufmerksam, verschaffen Bewunderung und Respekt bei anderen, sie zeigen Zuneigung und geben Streicheleinheiten, man kann ihnen auch etwas beibringen und so Erfolgserlebnisse haben und noch vieles mehr.

An wesentlichen Fragen haben uns interessiert:
- Welche Kinder haben Hunde?
- Wie beurteilen sie Hunde?
- Welche Erlebnisse sind von besonders nachhaltiger Wirkung?
- Was unternehmen Kinder mit ihren Hunden?
- Was erzählen sie ihnen?
- Wie leben sie mit ihren Hunden zusammen?
- Wo helfen ihnen ihre Hunde?
- Was an ihnen ist besser als bei Menschen?
- Was müssen Kinder im Umgang mit ihren Hunden lernen, und wo gibt es da auch Konflikte mit den Eltern?
- Welche Konflikte lösen Hunde?
- Welche Enttäuschungen vermögen Hunde zu verhindern, zu lindern oder auch abzubauen?

Auf der Basis dieser Untersuchung können wir die ganz wesentliche Frage beantworten: Warum brauchen Kinder für eine positive Entwicklung eigentlich einen Hund?

Die Befragung von Kindern wurde dann noch ergänzt durch eine Untersuchung von 100 Grundschullehrern, 100 Erziehern, 100 Kinderpsychologen, 100 Vätern, 100 Müttern und 120 praktischen Ärzten. Aus dem Blickwinkel dieser Erwachsenen, die alle mit der Gesundheit, der Erziehung und Entwicklung von Kindern zu tun haben, interessierten deren Ansichten, Erfahrungen und Empfehlungen über die Bedeutung und Wirkung von Hunden für das Wohlbefinden und die Lebensqualität von Kindern.

Will man die Beziehung zwischen Kind und Hund und damit ihre Bedeutung für die kindliche Entwicklung erklären, verstehen und voraussagen, dann muß man sich zunächst einmal veranschaulichen, welche Einflußfaktoren denn überhaupt die Beziehung zu einem Heimtier mitbestimmen. Sicherlich kommt diesen Faktoren – die wir in einem grafischen Modell dargestellt haben – eine unterschiedliche Bedeutung und Gewichtung zu; erst aus dem Zusammenwirken aller wird aber letztlich verständlich, warum Kinder sich so intensiv mit Heimtieren anfreunden und gerade deshalb von diesen so sehr gefordert, gefördert und, ohne daß dies Kinder mit einem negativen Beigeschmack bemerken, auch erzogen werden.

Kinder wachsen – soweit eine vollständige Familie vorliegt – in einer jeweils spezifischen Art der Wechselbeziehung zwischen Mutter und Vater, aber auch zwischen den Eltern und ihrem Kind bzw. ihren Kindern auf. Das Kind erlebt sich als Teil einer Intimgruppe, die wesentlich mitgeprägt ist von der ökonomischen, ökologischen und beruflichen Situation des Elternhauses; hinzu kommen die kulturellen, religiösen Rahmenbedingungen und nicht zuletzt, wieweit ein Kind in eine Familie mit oder ohne Heimtiere hineinwächst.

Hat nun ein Kind in der Familie z. B. einen Hund, dann gibt es – wie unsere Kinderuntersuchungen zeigen – ein zusätzliches, aber stets geliebtes weiteres „Familienmitglied", für das die „Erwachsenenkritik" der Kinder keine Gültigkeit besitzt. Dieses weitere „Familienmitglied" – mein Hund – verändert

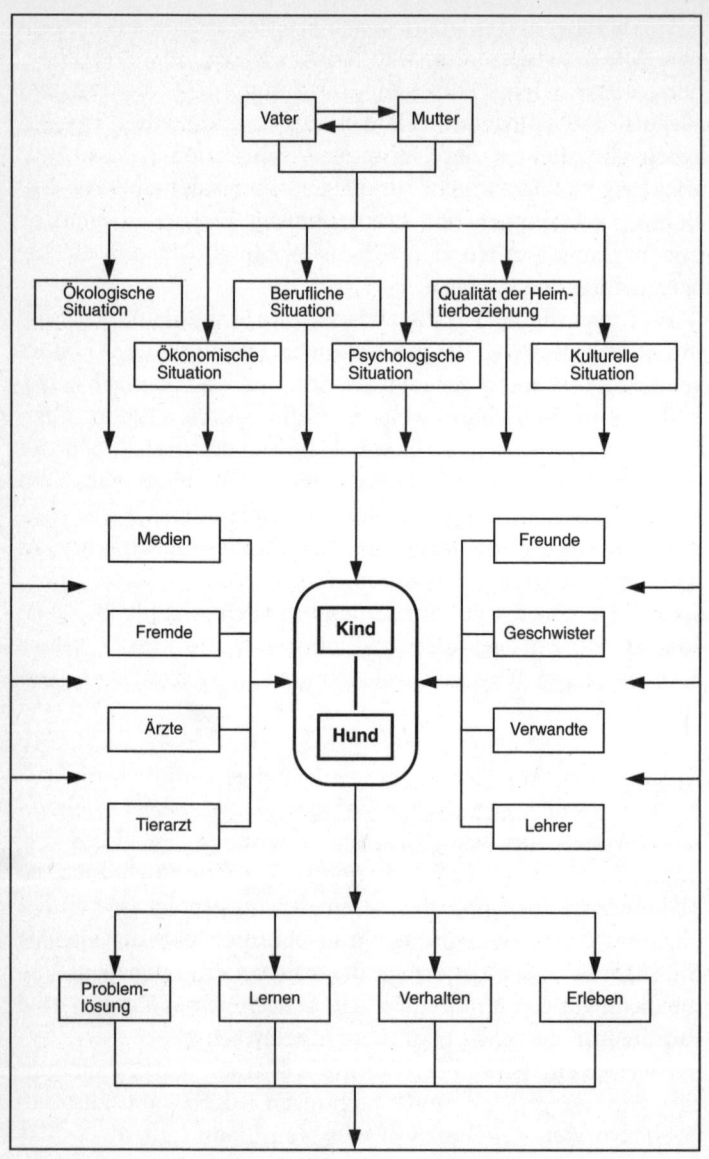

die Lebensqualität eines Kindes nicht selten ganz radikal, und zwar deshalb, weil die Qualität der Beziehungen zu Freunden, Geschwistern, den Verwandten, aber auch zu den Eltern, Fremden und Lehrern von den Erlebnissen und Erfahrungen mit diesem Heimtier nachhaltig positiv beeinflußt wird: Kinder erleben sich mit einem Hund sicherer, freier, interessanter für die Umwelt, schon allein deshalb, weil sie jetzt immer einen Gesprächsstoff haben und damit auch unter Erwachsenen Langeweile kaum aufkommen kann.

An weiteren Einflußgrößen wären schließlich noch die Zeitungen, Zeitschriften, das Fernsehen, aber auch Humanmediziner und Tierärzte zu nennen.

Familiengeschichte der Heimtiere

Heimtiere werden – nach den Kuscheltieren – schon früh zu einem intensiven Wunsch, den Kinder mit besonderem Nachdruck auch gegenüber ihren Eltern durchzusetzen versuchen. Berücksichtigt man jetzt zusätzlich die vielfältigen, nicht immer kinderfreundlichen Rahmenbedingungen menschlicher Entwicklung, dann wird verständlich, aus welchen Gründen Kinder „Anschluß" an Heimtiere suchen.

Wir haben in unserer Untersuchung mit Kindern sowohl die Geschichte ihres Heimtieres als auch ihre vielfältigen Erlebnisse und Erfahrungen erfragt und darauf immer sehr bereitwillig Antworten erhalten.

Kinder mit Heimtieren haben Eltern, die in 71% der Fälle in ihrer Kindheit auch schon Heimtiere hatten, und auch bei 66% der Großeltern war dies schon der Fall. Darüber hinaus haben aber auch die Freunde der Kinder fast alle ebenfalls Heimtiere, und damit wird deutlich, daß die Freude an Hunden, Katzen u.a. sowie deren Besitz Kinder zu Gruppen zusammenführen kann und so zu gemeinsamen Erlebnissen führt.

Kinder, die ein Heimtier besitzen, wachsen also häufig in eine Familie hinein, in der schon Eltern und Großeltern mit Tieren groß geworden sind. So bekommen Kinder sehr frühzeitig von ihren Eltern deren Tiergeschichten überliefert, und dies weckt die eigenen Wünsche um so mehr. In diesen Nacherzählungen der Erzählungen der Eltern werden bereits Tiere als Freunde und Partner, als Spielkameraden und als Auslöser von lustigen Erlebnissen dargestellt:

„...mein Vater erzählt, daß sein Hund oft am Ende des Bettes lag, und immer, wenn mein Vater krank war, wollte er zu ihm ins Bett; mein Vater hat mir erzählt, daß er den Hund sehr gern gehabt hat und viel mit ihm unternommen hat; daß er mit ihm zum Wandern ging..."

„...Mutter hat erzählt, wie sie die Katze im Kinderwagen herumgeschoben hat..."

„...meine Mutter hat viel von ihrem Pferd erzählt und wieviel Spaß es ihr machte, zu reiten und das Pferd zu pflegen..."

„...Mutter hat alle Tiere im Dorf gekannt und hat alle herumgeschleppt und beobachtet..."

„...die Katze meiner Mutter hat die Putzfrau geärgert, ist unter den Lappen gekrochen und abgehauen..."

Wenn ein Großteil der Eltern von Kindern, die heute einen Hund und zusätzlich eventuell noch ein anderes Heimtier besitzen, selbst schon mit Tieren groß geworden ist, dann heißt dies nicht, daß diese Kinder schon in ein Elternhaus mit einem Hund oder einer Katze hineingeboren worden sind. Vielfach beginnen die Wünsche der Kinder immer wieder von vorne, nur mit dem Unterschied, daß Eltern, die selbst mit Tieren groß geworden sind, eine wesentlich größere Bereitschaft zur Erfüllung solcher Sehnsüchte und Wünsche ihrer Kinder zeigen.

Wir haben uns nun vor allem mit Kindern und ihren Hunden beschäftigt, und dabei ließ sich dann immer wieder feststellen:

– Kinder wollen einen Hund und treffen dabei nicht selten auch die heimlichen Wünsche ihrer Eltern; dies gilt verstärkt dann, wenn diese auch entsprechende Erlebnisse mit Heimtieren in ihrer eigenen Kindheit hatten.

Der Hund regt zu gemeinsamem Spiel an, er ist Partner, kuscheliger Freund, geduldiger Zuhörer. Und: Er ist mehr als ein Stofftier – er lebt.

- Die Anschaffung eines Hundes ist dabei für Kinder immer ein besonderes Ereignis, es ist die Erfüllung eines in den meisten Fällen lang gehegten Wunsches. Der Großteil der Kinder hat auch irgendwann schon einmal ein Heimtier (Hamster, Katze) geschenkt bekommen.

Manchmal bilden Kinder zur besseren Durchsetzung ihres Wunsches nach einem Hund auch eine Koalition mit ihren Vätern, die ihren schon lange vorhandenen Wunsch nun mit Hilfe ihres Kindes bei der Mutter durchsetzen möchten. Natürlich lieben auch Mütter Hunde, nur äußern sie eben manchmal die Befürchtung, daß die damit verbundenen Pflichten nur zu oft an ihnen hängen bleiben. Wie Kinder nun das rückblickend erleben, zeigen am besten ihre eigenen Schilderungen:

„...mein Papa wollte schon immer einen Hund, weil er früher keinen haben durfte. Meine Mama wollte aber nicht, weil die Arbeit dann an ihr hängen würde. Als ich so traurig war, als mein Micky (Vogel) dann gestorben war, hat Papa einfach einen kleinen Babyhund mitgebracht. Mama hat erst geschimpft, sich aber dann doch gefreut, weil er so süß war..."

„...Freunde von uns haben einen Collie, und der hat Junge bekommen, und dann haben sie mir einen geschenkt..."

„...wir haben unseren Hund aus dem Tierheim abgeholt und gesundgepflegt; ich wollte unbedingt einen Hund haben, und meine Eltern haben dann einen Hund aus dem Tierheim geholt..."

Es gibt also die unterschiedlichsten Möglichkeiten, wie man zu einem Hund kommen kann; von besonderer Aktualität sind dabei Tiere aus Tierheimen. Kinder empfinden dafür ein besonderes Mitgefühl, sie entwickeln Hilfsbereitschaft und eine weitere Verstärkung ihres Wunsches nach einem „lieben Hund".

Haben dann Kinder den Hund, von dem sie immer „geträumt" haben, dann sind Freude und Zufriedenheit groß; allerdings dauert es bei einem guten Drittel dieser Kinder nicht lange, bis sie den Wunsch nach einem zweiten Heimtier äußern; man denkt teilweise noch an einen zweiten Hund, an eine Katze, ein „Nagetier"; auch der Wunsch nach einem Pferd wird nun häufiger geäußert.

Für Kinder ist der Wunsch nach einem Heimtier und dann auch dessen Besitz etwas ganz Selbstverständliches und Natürliches. Dort allerdings, wo Eltern selbst mit einem Hund oder einer Katze groß geworden sind, fällt es dem Kind leichter, seine Wünsche zu erfüllen; dort, wo dies nicht der Fall ist, werden Kinder vielfach hartnäckig und versuchen alles mögliche, um ihren Wunsch doch noch durchzusetzen, und nicht selten kommt es dann zu eigentlich vermeidbaren Konflikten mit den Eltern. Eigentlich sollte man seinen Kindern Heimtiere nicht vorenthalten; sie sind – wie wir noch zeigen können – ein sehr positives Element kindlicher Erziehung, Förderung und Motivation.

Kinder beurteilen Hunde

Wie intensiv und wie vielgestaltig Kinder Hunde erleben, wird an ihren Antworten auf die Frage deutlich: „Weshalb ist es denn schön, einen Hund zu haben, was ist denn daran so schön?" Kinder reagieren auf eine solche Frage sehr spontan mit Schilderungen von Erlebnissen und Geschichten, die alle zeigen, wie groß die gefühlsmäßige Bindung an den Hund ist, und gleichzeitig auch, wie vielfältig und abwechslungsreich dieses Zusammenleben ausfällt. Es gibt viele Gründe, die für ein Zusammenleben mit einem Hund, und nur wenige Gründe, die dagegen sprechen. Die Vorteile überwiegen bei weitem die Nachteile und sind außerdem für die kindlichen Erfahrungen viel wichtiger als jene Dinge, die weniger schön an einem Hund sind und das Kind gelegentlich immer auch einmal wieder stören; deshalb auf den eigenen Hund zu verzichten, kommt aber keinem Kind in den Sinn. Wir werden an späterer Stelle sehen, daß die Kritik am Erwachsenenverhalten viel gravierender, vorwurfsvoller, auch nachtragender und persönlich belastender vorgetragen wird als die Kritik an einem Hund.

Es ist für Erwachsene interessant und lehrreich zugleich, was Kinder alles an ihrem Hund schätzen; man könnte – wenn man nur will – daraus eine Mehrzahl von zweifellos gerechtfertigten Empfehlungen für das eigene Verhalten und die möglicherweise erforderlichen Verhaltensänderungen entnehmen. Kinder erzählen ihre Erlebnisse mit ihren Hunden sehr spontan; man merkt ihnen unmittelbar die Freude an, wenn sie anderen von ihren Erlebnissen berichten können; es gibt kein Kind, dem nicht gleich mehrere Begebenheiten einfallen; Erlebnisse mit dem eigenen Hund prägen sich ins Gedächtnis ein, weil sie Gefühle, Wünsche und auch Sehnsüchte der Kinder so nachhaltig ansprechen.

Hunde erfüllen Kindern eine Vielzahl von Bedürfnissen und Wünschen, die für ihre Entwicklung unerläßlich sind. Sie sind die idealen Spielkameraden, vermitteln Zuneigung, Sympathie, Liebe, Schutz und Geborgenheit; sie lassen das Kind nicht allein, sind immer da, wenn es von der Schule nach Hause kommt; das Kind fühlt sich nie alleingelassen, wenn es traurig ist, und fühlt sich auch nicht hilflos Konflikten zwischen den Eltern ausgeliefert. Diese vielfältige Bedeutung eines Hundes für die kindliche Entwicklung wird noch weiter verstärkt, wenn man die weit verbreiteten Risikofaktoren kindlicher Entwicklung – sie wurden einleitend dargestellt – mitberücksichtigt.

Wie Kinder ihre Hunde erleben, kann man am besten nachempfinden, wenn man sich die persönlichen Schilderungen der Kinder vor Augen führt. Die Vielzahl von Alltagsfreuden, die Hunde zu vermitteln vermögen, wird damit in ihrer unmittelbaren Erlebnisqualität erkennbar und nachempfindbar. Wir sehen dann sehr anschaulich, was so alles in Kindern vorgeht, wenn sie an ihren Hund denken.

Welche Wünsche und Bedürfnisse eines Kindes werden nun von einem Hund erfüllt?

Spielgefährte
„...man kann mit ihm spielen; man hat immer einen Spielkameraden; weil er so gerne mit mir spielt; es macht Spaß, immer jemanden zum Spielen zu haben..."

Kein Alleinsein/keine Einsamkeit
„...man ist nicht immer allein zu Hause; wenn man abends alleine ist, oder auch keine Freunde da sind, ist der Hund immer für einen da; man hat immer Gesellschaft..."

Beschützer
„...weil sie auf einen aufpassen können; daß er einen beschützt, wenn ein Einbrecher kommt; er paßt auf mich auf; er bewacht unser Haus..."

Begrüßung durch den Hund
„...er wartet auf mich, wenn ich aus der Schule heimkomme,

und begrüßt mich dann ganz freudig; er freut sich, wenn ich nach Hause komme, dann springt er immer an mir hoch..."

Möglichkeit zum Spazierengehen
„...man kann mit ihm Gassi gehen; wenn man mit ihm spazierengeht, schnappt man frische Luft; er bringt uns auf Trab, wir müssen oft mit ihm raus..."

Toben/Tollen mit dem Hund
„...es macht Spaß, jemanden zum Herumtollen zu haben; man kann mit ihm toben und Spaß haben, davon kann er nie genug bekommen..."

Kuscheln/Schmusen mit dem Hund
„...zum Kuscheln; ich kann ganz toll mit ihm schmusen; mit einem Hund kann man schmusen, denn er hat ganz weiches Fell und eine schöne weiche Nase; daß man ihn streicheln kann..."

Keine Langeweile/Zeitvertreib
„... er vertreibt einem die Langeweile; es ist immer was los bei uns; ich habe immer eine Beschäftigung; er vertreibt die Zeit..."

Hund ist lustig, lieb, goldig
„...der macht viele Späße; der macht Spaß mit mir; ist lustig zu beobachten...; er ist so süß; Hunde sind goldig; Hunde sind immer lieb, nicht so wie die Menschen, die mal ausrasten..."

Gesprächspartner
„...ich kann mit ihm alles besprechen; ich erzähle ihm alles, was ich so erlebe; mit ihm kann ich sprechen, auch wenn ich alleine zu Hause bin..."

Freund
„...man hat einen Freund; er ist mein bester Freund; ein Hund ist ein guter Kumpel..."

Hund ist immer gut gelaunt
„...er ist gut gelaunt und freut sich; er ärgert sich nie..."

Anerkennung bei Gleichaltrigen
„...bei meinen Freunden kommt mein Hund gut an, weil sie selber keinen haben; alle beneiden mich und wollen gerne mit mir und meinem Hund spielen..."

Möglichkeit, dem Hund etwas beizubringen
„...ich kann ihm Sachen beibringen; es macht Spaß, ihm etwas beizubringen..."

Vorbehaltlose Akzeptanz durch den Hund
„...ich habe immer das Gefühl, daß mein Hund mich so mag, wie ich bin – das kann ich von meinen Eltern nicht sagen; ich weiß, daß er mich mag; er ist nie böse auf mich..."

Möglichkeit, für jemanden zu sorgen
„...man hat jemanden zum Versorgen; man hat immer etwas, worum man sich kümmern kann..."

Gemeinsame Unternehmungen
„...mit dem Hund kann man so viel unternehmen; der kommt mit, egal wohin ich gehe; wir unternehmen viel miteinander..."

Hund ist zuverlässig und treu
„...man kann sich auf ihn verlassen; mein Hund läßt mich nie im Stich; er ist ein treuer Hund..."

Hund gehört einem allein
„...man hat was, was einem ganz alleine gehört; gehört nur mir alleine..."

Hund sieht gut aus
„...sie sieht schön aus, ist ein tolles Tier; er hat ein schönes Fell; er sieht toll aus..."

Das Psychogramm des eigenen Hundes ist also sehr vielschichtiger Natur: Kinder erleben sich nie allein, haben immer einen Spielpartner, der ihnen immer auch Streicheleinheiten vermittelt, keine Launen hat, das Kind – zumindest in seiner Wahrnehmung – so annimmt, wie es eben ist; der Hund ist aber auch Beschützer, eigener Besitz und verhilft durch seine Attraktivität zur Anerkennung bei Gleichaltrigen: Man erlebt einen Zuwachs an Anerkennung, muß sich nicht erst durchsetzen; mögliche Unsicherheits- und Minderwertigkeitsgefühle werden vermindert, aber auch in einem gewissen Umfang immer wieder abgebaut.

Das Wichtige an einem Hund ist zudem, daß er Kindern eine Vielzahl von Lieblingsbeschäftigungen vermittelt und dabei dem kindlichen Bedürfnis nach Abwechslung, nach Spielen, nach Eroberung seiner Umwelt, nach kleinen Erfolgserlebnissen – wenn man dem Hund kleine Kunststücke beibringen kann – entgegenkommt. Was da Kinder alles mit ihren Hunden an gemeinsamen Beschäftigungen unternehmen, kann der folgenden Zusammenstellung entnommen werden (Anzahl der befragten Kinder 270, Anzahl der Nennungen in Prozent):

Spielen (79 %)
„...im Garten spielen; wir spielen Detektiv, und er ist mein Spürhund, oder ich ziehe ihn mit einem Schiebewagen, aber er springt immer gleich wieder runter; oder ich spiele mit ihm Ball..."

Spazierengehen (58 %)
„...ich gehe mit ihm spazieren; ich gehe regelmäßig mit ihm raus, denn er braucht Bewegung, sonst wird er krank; wir laufen draußen rum; durch den Wald laufen..."

Tollen, Toben, Wettrennen, Radfahren (50 %)
„...wir tollen herum; herumtoben im Garten; mit ihr am Boden kugeln; oder durch die Wohnung jagen..."

Kuscheln, Schmusen, Streicheln (30%)
„...wenn der Hund kommt und am Bauch gekrault werden will; wir sitzen auf dem Boden in einer Ecke und schmusen; manchmal knuddele ich mit dem Hund..."

Dem Hund etwas beibringen (28%)
„...Stöckchen werfen; den Ball holen lassen; er bringt den Stock, den ich werfe..."
„...ich bringe ihm ein paar Kunststücke bei, und das ist ganz lustig; ich versuche, ihm etwas beizubringen; z.B. ,Sitz', ,Platz', ,Pfui', ,bei Fuß'..."

Füttern, Pflegen (Bürsten, Baden) (14%)
„...ich füttere ihn; ich kümmere mich um sein Fressen; fürs Füttern bin ich alleine zuständig..."
„...er läßt sich gerne kämmen und bürsten; ich bin dafür zuständig, ihn zu kämmen und zu baden..."

Natürlich gibt es noch eine Reihe weiterer gemeinsamer Aktivitäten von Kindern und ihren Hunden; man geht mit ihnen Einkaufen, und dies macht dann gleich mehr Spaß und Freude, als wenn man ganz alleine einen Auftrag der Eltern ausführen soll; man freut sich aber auch, wenn er bei den Hausaufgaben dabei ist und zuhört: „...ich übe laut Vokabeln, und er hört mir zu; Kinder setzen sich aber auch mit ihrem Hund vor den Fernseher, und dann geht man gemeinsam schlafen: „...er schläft in meinem Zimmer, und wir gehen abends immer gleichzeitig schlafen; er darf nämlich über Nacht in meinem Zimmer bleiben..."

Betrachtet man diese Vielfalt von Möglichkeiten kindlicher Bedürfnisbefriedigung, dann versteht man auch, daß Hunde Kinder zu kindgemäßen und von Kindern erwünschten Aktivitäten mit einem bunten Strauß von Möglichkeiten stimulieren; sie fördern nicht Langeweile und passiven Fernsehkonsum, sondern die Phantasie, helfen zu einer interessanteren Eroberung der Umwelt, regen an zu Sport und Bewegung. Die Frage danach, was man denn so alles mit seinem Hund macht, zeigt in ihren

Ergebnissen eine attraktive Vielfalt von Erlebnis- und Verhaltensmöglichkeiten; sie alle sind lustvoll, motivieren zur Wiederholung und vermitteln ein Optimum kindlicher Lebensqualität.

Kinder mit einem Hund werden nun aber nicht nur von ihren Eltern mehr oder weniger gut erzogen, sondern sie selbst werden zu Lehrern und Erziehern, wenn sie ihrem Heimtier etwas beibringen. Kinder erleben dabei – immer aus ihrem Blickwinkel heraus betrachtet –, daß sie von ihrem Hund für voll genommen werden. Für die Entwicklung der menschlichen Leistungsmotivation ist es ganz wesentlich, daß Kinder Erfolgserlebnisse haben, d. h. erleben, daß sie es waren, die ihren Hund etwas gelehrt haben. Kinder müssen erfahren, daß sie selbst die Ursache für Erfolg und manchmal auch für Mißerfolg sind; nur auf diese Art und Weise entwickeln sie auch ein Gefühl für Selbstverantwortlichkeit. Wichtig ist in diesem Zusammenhang, daß die Kinder von sich aus versuchen, spielerisch ihrem Hund beizubringen, daß er „die Pfote geben", „ein Männchen machen", „sich auf Befehl am Boden wälzen", „die Zeitung holen" soll usw.

Natürlich bringen Kinder mit Hunden auch bestimmte Nachteile in Verbindung; diese sind – was ihre Häufigkeit anlangt – aber weitaus seltener als das vielschichtige positive Erlebnisprofil. Die Nachteile lassen sich in einigen wenigen Gruppen zusammenfassen:

1) *Die Pflege und Versorgung des Hundes ist Kindern nicht so selbstverständlich und nicht immer mit positiven Gefühlen besetzt, wie gemeinsames Spiel und Zusammensein. Verpflichtungen für ein Lebewesen müssen erst allmählich gelernt werden, und dabei kommt den Eltern eine wesentliche Bedeutung zu. Was Kinder hier alles lernen müssen, wird am anschaulichsten an ihren gelegentlichen „Widerständen" deutlich:*
„...manchmal hat man eben kaum Zeit, den Hund zu versorgen; es fällt mir nicht immer leicht, mich um ihn zu kümmern, denn das kostet eben Zeit..."

"...wenn man im Streß ist, muß man ihn trotzdem füttern; er muß pünktlich gefüttert werden; manchmal macht das Füttern auch keinen Spaß..."

"...daß man immer mit ihm Gassi gehen muß; wenn man mit ihm raus muß und lieber ‚was anderes machen will'; wenn man unbedingt mit ihm spazierengehen muß; und dann noch das frühe Aufstehen..."

2) *Der Besitz eines Hundes ist für Kinder manchmal auch mit gewissen Ärgernissen und wohl auch Konflikten mit anderen Menschen verbunden, die wenig oder kein Verständnis für Hunde haben. Kinder erleben in diesem Zusammenhang auch aggressive Verhaltensweisen von Erwachsenen, und es ist nicht leicht, lernen zu müssen, daß es manche Leute gibt, die etwas gegen Hunde haben, meckern und dann auch mit Hundehaltern negative Eigenschaften in Verbindung bringen. Man kann Eltern nur empfehlen, mit Kindern auch über solche Vorurteile zu reden und ihnen zu sagen, woher sie möglicherweise kommen und wie man ihnen begegnen kann.*

3) *Kinder können sich auch über ihren Hund ärgern, „wenn er manchmal nicht auf einen hört...wenn er macht, was er will und nicht folgt...". Kinder lernen also im Umgang mit ihrem Hund, was es heißt und wie man es empfindet, wenn sich „andere" nicht so verhalten, wie man selbst dies gerne möchte. Eltern könnten solche Erlebnisse aufgreifen, wenn sie selbst ähnliche Probleme mit ihren Kindern haben und dann häufig nicht wissen, wie sie ihren Kindern dies einsichtig, verständlich und erlebbar machen sollen.*

4) *Kinder empfinden es schließlich als einen eigentlich nicht verständlichen und schmerzlichen Nachteil, daß man den Hund in den Ferien nicht überall hin mitnehmen kann bzw. man vielfach nicht weiß, wo er hin soll; neben anderen Möglichkeiten denken sie dann auch als letzte Möglichkeit an das Tierheim; Tierheime sind jedoch für Kin-*

der mit sehr viel Traurigkeit und Mitleid, aber auch Befürchtungen verbunden. Eltern würden ihren Kindern nur dann einen wirklich fröhlichen Erlebnisurlaub vermitteln und ihnen damit gute Erfahrungen schenken, wenn sie, unterstützt durch entsprechende Informationen, alles unternehmen würden, um einen Familienurlaub mit Hund zu ermöglichen, was heute eigentlich kein Problem mehr ist.

Kinder beurteilen ihre Hunde alles in allem positiv, vielgestaltig und auch mit sehr viel Begeisterung. Gerade weil Kinder so nachhaltig in ihren Gefühlen von Hunden angesprochen werden, sind sie für ihre Entwicklung so wesentlich. Nur was uns gefühlsmäßig stark bewegt, wird von uns behalten und für unser weiteres Handeln und Erleben bestimmend. Kinder lernen immer nur dann für ihr weiteres Leben, wenn das, was sie lernen sollen, mit positiven Erlebnissen in Verbindung steht. Anders formuliert: Die freudige Eroberung der Umwelt und die Anschaulichkeit von Sinn und Zweck des Lernens sind entscheidende Grundlagen kindlicher Entwicklung.

Hunde als bessere Menschen

Die Frage an die Kinder, was denn bei Hunden besser sei als bei Menschen, wird von Kindern sehr spontan, sehr ausführlich und auch sehr gefühlsmäßig beantwortet. Betrachtet man einmal das, was in diesem Zusammenhang Kinder alles zu berichten wissen, dann müssen sich Erwachsene eingestehen, daß in diesen Äußerungen eine teilweise massive und leider auch viel zu oft berechtigte Kritik an ihrem Verhalten zum Ausdruck kommt. Kinder halten uns in diesen Aussagen einen „Spiegel" erwachsenen Fehlverhaltens vor Augen, der uns nachdenklich stimmen müßte; dies um so mehr, als in der Erwachsenenkritik letztlich auch wesentliche Ursachen für kindliche Fehlentwicklungen im weitesten Sinne erkennbar werden.

Für 77 % der Kinder kann ein Hund nicht so böse sein wie ein Mensch. Diese ganz allgemeine Erwachsenenkritik wird deutlich in den Eigenschaften und Verhaltensweisen, die man bei seinem Hund alltäglich zu erleben glaubt, und die man sich bei Erwachsenen, auch seinen Eltern, wünscht, aber eigentlich nur gelegentlich antrifft.

Was sind nun die Eigenschaften und Verhaltensweisen, die man an seinem Hund schätzt und bei Erwachsenen und insbesondere bei seinen Eltern so häufig vermißt?

Hunde sind zuverlässig, treu, haben Zeit
„...er hält immer zu mir...er ist der beste Freund in allen Lagen..." „...er sagt nie: ‚ich habe keine Zeit, geh' dich selbst beschäftigen'; wenn man ihn braucht, ist er da; daß er nicht sagt: ‚Heute bitte nicht, ich habe Kopfweh'; sie verlassen einen nicht..."

Hunde widersprechen und schimpfen nicht
„...sie reden eben nicht, sie können einen nicht beleidigen... widersprechen nicht dauernd ... brüllen nicht herum"; „... meckern nicht immer an einem 'rum"...

Hunde haben keine schlechte Laune
„...sie sind selten böse; sind immer guter Laune; sind nicht einmal so aufgelegt und dann wieder so; sie haben keine schlechte Laune, die sie an Kindern auslassen..."

Hunde hören zu
„...mein Hund hat Zeit für mich ... er hört mir immer zu ... er muß nicht plötzlich weg oder ist müde..."

Hunde sind nicht gemein und hinterhältig
„...ein Hund kann nicht so hinterhältig sein wie ein Mensch, der hat keine Tricks drauf; der will einem keine reinwürgen wie so manche Leute, z. B. Lehrer..."

Hunde sind ehrlich
„...lügen einen nicht an, die sind wenigstens ehrlich; Hunde sind ehrlicher als Menschen, die machen einem nichts vor..."

Hunde nehmen mich so wie ich bin
„...der mag mich, egal, ob ich in der Schule schlechte Noten habe oder nicht; ein Hund mag einen einfach so, ohne Grund, da muß man nichts Bestimmtes dafür machen – Menschen kann man es nicht so leicht recht machen; der Hund erwartet nicht, daß man alles richtig macht..."

Hunde wollen mich nicht erziehen
...ein Hund kann einen nicht rumkommandieren; verlangt nichts von mir, was ich nicht kann; sie versuchen nicht, etwas Bestimmtes bei einem zu erreichen, Erziehung oder so; sagt nicht dauernd: ‚tu dies – tu das'; lassen einen mit Ratschlägen in Ruhe..."

Hunde stellen nicht dauernd Fragen
„...man muß nicht dauernd antworten; sie stellen keine doofen Fragen; sind nicht so neugierig und wollen alles von mir wissen..."

Hunde sind gehorsam
„...daß sie das tun, was man sagt; Hunde sind folgsamer als Menschen; sie gehorchen..."

Hunde beschützen
„...er verteidigt mich; kann besser auf mich aufpassen..."

Diese kindliche „Anklageschrift" ließe sich noch fortsetzen, doch ist sicherlich klar geworden, über was Eltern mehr nachdenken sollten als sie dies anscheinend vielfach tun. Was schätzen aber Kinder noch alles an ihren Hunden? Sie werden immer freudig begrüßt, sind nie allein, wenn sie von der Schule nach Hause kommen; sie sind auch „nicht so vernünftig", wie Eltern sich immer geben; sie „schlagen einen nicht", „sie führen keine Kriege, wo sie sich totschlagen ... Tiere töten nie aus Spaß und nicht aus Rache und niedrigen Gefühlen ...". Hunde sind für Kinder auch nicht geldgierig, sie lassen sich von anderen nicht beeinflussen, sind vernünftiger, weil sie

Instinkte haben, und schließlich meinen Kinder auch noch, daß Tiere „die Welt nicht so kaputt machen wie die Menschen".

Es gibt unter den von uns insgesamt 300 befragten Kindern kein einziges Kind, das an seinem Hund nicht Eigenschaften entdeckt hätte, die es bei Menschen vermißt.

Faßt man alle Aussagen von Kindern über ihre Beziehung zu ihrem Hund in einer Tabelle zusammen, dann ergibt sich folgendes Bild:

Beziehung Kind – Hund
Anzahl der Nennungen in Prozent (n = 300)

Wenn ich von der Schule heimkomme, freut sich mein Hund und begrüßt mich	98%
Es macht mir viel Spaß, mit meinem Hund zu spielen	96%
Mit meinem Hund habe ich immer viele schöne und auch lustige Erlebnisse	95%
Ich freue mich immer auf meinen Hund, weil ich meine, daß er sich auf mich freut	95%
Meinem Hund kann ich alles erzählen	87%
Mein Hund ist immer für mich da	86%
Wenn mein Hund bei mir ist, fühle ich mich nie einsam oder allein	84%
Mein Hund hört mir immer zu	81%
Ein Hund kann nicht so böse sein wie ein Mensch	77%
Wenn mein Hund bei mir ist, fühle ich mich sicher und habe keine Angst	76%
Mein Hund tröstet mich, wenn ich traurig bin oder Sorgen habe	74%
Mit meinem Hund fühle ich mich stark	70%
Mein Hund versteht mich besser als so mancher Erwachsene	70%
Mein Hund ist mein bester Freund	62%

Hunde haben somit eine Vielzahl von Eigenschaften, die man sich beim Menschen wünscht, dort aber nur gelegentlich antrifft. Über Menschen kann man enttäuscht sein, über Hunde nicht. Hunde haben für Kinder alle wesentlichen Tugenden, die Erwachsene, insbesondere ihre Eltern, haben sollten, aber häufig doch vermissen lassen.

Hunde: Gesprächspartner und Gesprächsstoff für Kinder

Hunde, die idealen Gesprächspartner in allen Lebenslagen.
Einen positiveren Gesprächspartner als den eigenen Hund können sich Kinder gar nicht vorstellen. Hunde sind für Kinder so etwas wie Intimfreunde; sie werden immer wieder mit Menschen verglichen und schneiden dabei, wie wir bereits ge-

sehen haben, vielfach besser ab. Hunde sind der ideale Gesprächs- und Spielpartner in allen Lebenslagen; sie sind auch in Konfliktsituationen bei Angst, Alleinsein und Hilflosigkeit erwünscht und – immer aus dem Blickwinkel eines Kindes gesehen – wirksame Problemlöser.

Das Verhältnis des Kindes zu seinem Hund ist also stets von einem ausgesprochen positiven Kommunikationsklima geprägt. Die Bedingungen für ein optimales Beziehungserleben könnten nicht besser sein: Man erlebt den Hund als immer anwesend, immer für Ansprache aufgeschlossen, und eben nicht als einen Partner, der keine Zeit zum Zuhören hat und in bestimmten Situationen die Kommunikation ablehnt; man begegnet ihm mit hoher Sympathie und Vertrautheit, fühlt sich sicher und geborgen, muß nicht mit Strafe, Unaufrichtigkeit und Gewalt rechnen; die Beziehung wird weitgehend als konfliktfrei erlebt, und das Kind glaubt auch, daß das Tier Verständnis für alle seine Anliegen entwickelt und so der Hund das Kind nicht selten besser versteht als so mancher Erwachsene. Auch in diesem Zusammenhang wird wieder deutliche Erwachsenenkritik erkennbar.

Der spielerische Umgang mit einem Hund fördert nun aber auch die Fähigkeit eines Menschen zu einer genauen Verhaltensbeobachtung. Kinder lernen die Feinheiten nichtsprachlichen Verhaltens – Mienen, Gesten und Körpersprache – zu beachten, zu deuten und darauf auch unmittelbar zu reagieren. Dieses Kommunikationstraining entwickelt und fördert soziale Sensibilität und die Wahrnehmungsfähigkeit für Nuancen. Das Zusammenleben zwischen Menschen ist nämlich erheblich davon abhängig, wie genau man sich wechselseitig in seinem Verhalten wahrnimmt und darauf auch reagiert. Optimaler Kontakt und optimale Verständigung hängen wesentlich von der Fähigkeit auch der nichtsprachlichen Kommunikation ab: Kinder lernen in Verbindung mit größeren Haustieren die Feinheiten eines Mienenspiels, die Bedeutung von Gebärden und können so auch angemessener, genauer und damit auch verständnisvoller auf ein Lebewesen reagieren.

Der gute Verhaltensforscher muß vor allem gut beobachten können, wenn er das Verhalten von Tieren wirklich verstehen, erklären und auch vorhersagen will. Menschen sind leider viel zu oft schlechte Beobachter, unsensibel für die kleinen Verhaltensänderungen bei ihren Kindern und Partnern. Konflikte, Risikofaktoren kindlicher Entwicklung, deuten sich häufig zunächst nur in kleinen Verhaltensänderungen an; nur wenn Eltern dafür ein Gespür haben und diese wahrnehmen, kann manch gefährliche Entwicklung in ihrer Anfangsphase gestoppt und verhindert werden. Kinder jedenfalls lernen eine genauere Verhaltensbeobachtung im Umgang mit ihrem Hund und wenden dann das Gelernte auch auf ihre Eltern an; sie werden immer sensibler dafür, ob das, was ihnen ihre Eltern in Worten sagen, auch mit dem übereinstimmt, was ihre Mienen, Gesten und Gebärden zum Ausdruck bringen.

Fragen wir nun Kinder, was sie denn so alles ihren Hunden erzählen, dann gibt es eigentlich kein Thema, das sie bei ihren „Gesprächen" ausklammern. Ähnliche Ergebnisse – dies sei an dieser Stelle nur erwähnt – finden wir dann wieder bei alten alleinstehenden Menschen. Ausführlich und anschaulich wird auch dies von den Kindern berichtet, und wenn man diese Äußerungen etwas näher betrachtet, dann wird erkennbar, wie wesentlich es für ein Kind ist, einen Ansprechpartner zu haben, dem man wirklich alles erzählen kann. Sicherlich ist vieles, was Kinder ihrem Hund erzählen, für Eltern vielleicht unwichtig, alltäglich und banal; genau dies ist aber der Auslöser für Eltern-Kind-Konflikte. Für Kinder ist alles, was sie erzählen wollen und können, wichtig; nehmen dies Erwachsene nicht ernst, dann fühlen sich Kinder wenig verstanden, sie ärgern sich, reagieren affektiv, und schon ist aus einem scheinbar nichtigen Anlaß ein größerer Konflikt entstanden. Genau dies ist bei einem Hund nicht der Fall, „man kann ihm eigentlich alles erzählen".

Ich erzähle meinem Hund:

Alltägliche Dinge
„...ich erzähle ihm eigentlich so alles, was mir in den Sinn kommt; alles, was so passiert..."

Erlebnisse aus der Schule
„...wie es in der Schule war; wenn unsere Lehrer nett waren oder ungerecht; wenn ich mal nicht so gute Noten habe..."

Sorgen/Probleme
„...wenn ich Sorgen habe; wenn ich traurig bin; wenn ich Kummer habe; wenn ich Angst habe; manchmal tröstet er mich; wenn ich mal wütend bin..."

Bekundungen von Zuneigung/Lob
„...daß ich ihn mag; daß ich ihn lieb habe; daß er ganz lieb ist; ich sage ‚das hast du gut gemacht'; daß er toll ist; daß ich stolz auf ihn bin, das sage ich ihm auch..."

Ärger mit den Eltern
„...über die Mama, wenn ich sauer auf sie bin; wenn ich Streit habe mit Mama und Papa; wenn die zu Hause mal wieder spinnen; wenn die Mama mir nicht zuhört, dann erzähle ich ihm das..."

Ärger mit Lehrern und Gleichaltrigen
„...daß ich sauer bin wegen der Schule, weil mir die Lehrer nicht so gute Noten gegeben haben, wie ich sie verdient habe; daß der Torsten in der Schule doof zu mir war, und daß ich den überhaupt nicht leiden kann..."

Tadel
„...wenn er frech wird, schimpfe ich ihn; ich schimpfe mit ihm, wenn er Dummheiten macht..."

Freude
„...wenn ich mich freue; wenn ich fröhlich bin..."

Erlebnisse
„...was ich erlebt habe; wenn ich aus dem Urlaub zurückkomme, erzähle ich ihm meine Erlebnisse..."

Gleichaltrige
„...über den Michi, das ist mein Freund, und über meine Freundinnen..."

Geheimnisse
„...was ich anderen nicht erzählen würde; meine Geheimnisse; manchmal flüstere ich ihm was ins Ohr..."

Anweisungen/Befehle
„...ich gebe ihm Befehle, wie ‚Such', ‚Platz' usw.; daß er auf seinen Platz soll..."

Es gibt letztlich kein Thema, das Kinder bei ihren Gesprächen mit ihren Hunden ausklammern. Die Ergebnisse zeigen also, daß ein Hund ein wesentliches Regulativ bei den vielen häufig unvermeidbaren Alltagsärgernissen des Kindes ist. Sie verhindern Gefühle der Hilflosigkeit, depressive Stimmungslagen, Gefühle der Verzweiflung. Der Hund ist aus der Perspektive des Kindes das einzige Lebewesen, dem man alles erzählen und anvertrauen kann, ohne daß daraus persönlich negative Konsequenzen zu erwarten wären. Der Hund hört immer zu, und das Kind lebt in dem Gefühl und der Überzeugung, daß den Hund – im Gegensatz zu den Erwachsenen – alles interessiert, was für das Kind wichtig ist: Das Mitteilungsbedürfnis des Kindes wird nicht abgeblockt.

Noch zwei Dinge sind nun aber Kindern besonders wichtig: Einmal wünscht man sich ein Lebewesen, dem man ohne Risiko alles anvertrauen kann, und zum anderen gibt es auch kritische Situationen, in denen man den Hund als unverzichtbaren Trost und Tröster erlebt.

Besonders wesentlich ist Kindern, daß man seinem Hund alles das erzählen kann, was andere nicht hören dürfen oder sollen: Geheimnisse werden mitgeteilt, ohne öffentlich zu werden; man muß Verbotenes nicht verdrängen, sondern hat einen Partner, von dem man glaubt, daß er Verständnis für die eigenen Probleme hat. Wie dies Kinder sehen, vermögen die zusammengefaßten Ergebnisse in der nächsten Tabelle zu veranschaulichen:

Gespräche mit meinem Hund
Anzahl der Nennungen in Prozent (n = 300)

Erzähle Geheimnisse	68%
Erzähle keine Geheimnisse	32%
Erzähle alles, wenn ich eine Wut im Bauch habe	61%
Streit und Ärger mit der Familie, mit Freunden, in der Schule	43%
Traurigsein und Sorgen	20%
Alle schönen Erlebnisse „wenn ich in einen Jungen verliebt bin..."	15%
Geheimnisse von Freunden „... wenn ich von meinen Freunden Dinge erfahre, die meine Eltern nicht wissen dürfen..."	15%
Einzelnennungen Erzählen von Träumen, persönliche Aggressionen gegenüber anderen	

Hunde sind für Kinder aber wesentlich auch Tröster und „Heiler". Der Großteil der Kinder (73%) erzählt seinem Hund, wenn sie traurig sind oder Sorgen haben; sie erzählen aber nicht nur ihre Sorgen, sondern sind auch davon überzeugt, daß sie von ihren Hunden getröstet werden, daß ihnen also geholfen wird: Trost durch Anwesenheit, Zuhören und Körperkontakt: 74% der Kinder sind davon überzeugt, daß sie ihr Hund tröstet, wenn sie traurig sind. Und wie macht das der Hund?

Zuhören
„... er hört sich alles an, was ich zu sagen habe; er hört mir wenigstens zu; er versucht auch nicht, schlaue Ratschläge zu ge-

ben oder zu schimpfen, wie es die Eltern oft tun, sondern er hört nur zu; der Papi sagt immer ‚sei still', wenn ich was erzählen will, und guckt weiter in die Zeitung oder in den Fernseher, aber der Max hört immer zu, wenn ich was sage, und stellt die Ohren immer so schön auf, der versteht auch alles, was ich sage; sonst ist niemand zum Zuhören da..."

Kuscheln / Schmusen
„...er kuschelt sich dann ganz nah an mich 'ran; ja, weil ich mit ihm schmusen kann; er kuschelt sich an mich und legt seinen Kopf auf meine Beine..."

Anwesenheit/kein Alleinsein
„...er tröstet mich allein schon, daß er zumindest da ist; wem soll ich denn sonst erzählen, wenn meine Eltern arbeiten sind; wenn er da ist, fühle ich mich nicht so allein..."

Verstehende Blicke
„...es sieht mich lieb an, und dann denke ich, er hat mich verstanden; er schaut dann auch ganz traurig..."

Ablenkung
„...weil ich mit ihm rumtollen kann, da komme ich auf andere Gedanken; er fängt dann an, komische Sachen zu machen, damit ich anfange zu lachen..."

Verständnis/Anteilnahme
„...wenn ich weinen muß, weine ich mich bei ihr aus, und sie zeigt volles Verständnis; man hat halt das Gefühl, daß jemand echt wirklich Anteil nimmt..."

Von besonderer Bedeutung für Kinder sind Hunde auch im Krankheitsfall; hier entwickeln sie sich zu „Krankenschwestern", die Kinder nicht nur trösten, sondern auch Mütter entlasten. Kinder sind nicht immer geduldige und angenehme Patienten, sie stellen vielfach höchste Anforderungen an Pflege, fordern alle möglichen Formen von Dienstleistungen und auch tröstende Unterhaltung. Dies ist mit einem Hund ganz anders; er ist die unermüdlich zur Verfügung stehende Krankenschwester, die auch dann noch im Zimmer bleibt, wenn die anderen keine Zeit haben oder auch einmal die Wohnung verlassen müssen. Dem Hund geht der Patient nicht „auf den Wecker", ganz im Gegenteil, die wechselseitige Zuneigung wird sogar noch verstärkt; der Hund darf nun auch machen, was er im Regelfall nicht darf: „er kommt dann immer ans Bett, legt sich hin und hört mir zu, wenn ich ihm was erzähle"; Kinder glauben auch, daß ihr Hund bemerkt, wenn man krank ist und sich dann auch anders verhält, also z.B. das Kind eben nicht zum Spielen animiert, sondern durch Anwesenheit tröstet; aus dem Munde eines Kindes hört sich das so an: „...der Max hat gesagt, daß ich wieder schnell gesund werden soll, damit wir wieder draußen spielen können, er lenkt mich von der Krankheit ab". Das Kind als Patient empfängt von seinem Hund Zuneigung, Zuspruch, Wärme, Trost und eine insgesamt positive Stimulierung, von der die Medizin weiß, daß sie nicht ohne positiven Einfluß auf einen baldigen Genesungsprozeß ist.

Es hat uns nun noch eine weitere Frage interessiert, nämlich die nach Situationen, in denen nach Ansicht des Kindes Hunde unverzichtbare Gesprächspartner sind. Dazu haben uns Kinder folgende Ergebnisse geliefert:

Situationen, in denen Hunde unverzichtbare Gesprächspartner sind
(Mehrfachnennungen möglich)
Anzahl der Nennungen in Prozent (n=270)

Ärger und Streit mit den Eltern: Schimpfen, Meckern, Bestrafen	48%
Traurigkeit und Sorgen	46%
Ärger und Krach mit anderen	35%
Wenn Eltern dauernd sagen, was ich noch alles machen soll, ohne Lust dazu zu haben	24%
Eltern, die mir verbieten, meinen Freund zu besuchen; das Verbot, fernzusehen	24%
Streit der Eltern untereinander	7%

Im Mittelpunkt dieser für ein Kind kritischen Situationen stehen immer Ärger und Konflikte mit den Eltern. Man muß sich dabei stets neu vergegenwärtigen, daß Streit mit Mutter oder Vater für Kinder eine erhebliche psychische Belastung darstellt. Kinder leiden unter Konflikten mit ihren Eltern wesentlich stärker und nachhaltiger, als dies Erwachsenen in den meisten Fällen bewußt ist; Lernen bleibt dennoch ein sehr langwieriger Prozeß, und Konflikte mit den Eltern sind auch in den besten Familien unvermeidbar und sogar notwendig. Erziehung ist immer auch ein Prozeß der Auseinandersetzung; es fällt Kindern vielfach nicht leicht, Verhaltensregeln anzunehmen, die für die eigene Entwicklung wie auch für das Zusammenleben von Menschen unvermeidlich sind. Beispielsweise lernen Kinder Sauberkeit nicht ohne eine gewisse konsequente Strenge ihrer Eltern, und dies geht dann auch nicht ohne Konflikte ab. Pädagogisch wesentlich ist nur, daß Kinder in und nach Konflikten nicht „eingesperrt" werden oder ganz allein sein müssen; sie sollten immer noch einen Ansprechpartner haben, an den sie sich ohne Angst wenden können, denn Angst ist der Nährboden für Aggression, Verzweiflung und die unterschiedlichsten Formen der Selbstzerstörung. Solange ein Kind wenigstens mit seinem

Hund zusammen ist, sind Kurzschlußhandlungen extrem unwahrscheinlich.

Hund als interessanter Gesprächsstoff
Für Kinder sind Besuche der Familie bei Freunden und Bekannten vielfach nicht immer die reine Freude; sehr schnell kommt Langeweile auf, wenn man nicht weiß, was man tun soll und die Erwachsenen über die Dinge reden, die für das Kind absolut uninteressant sind, ihm selbst aber auch nichts Gescheites einfällt. In solchen Situationen gehen Kinder ihren Eltern und allen Erwachsenen „auf die Nerven", und natürlich ist dies auch umgekehrt der Fall.

Ganz anders ist dies häufig dann, wenn Kinder einen Hund besitzen; der braucht dann gar nicht dabei zu sein, und trotzdem liefert er in einer solchen Situation vielen Kindern einen unerschöpflichen Gesprächsstoff. Man erzählt den anderen – gerade, wenn der eigene Hund nicht dabei ist – gerne seine eigenen Tiergeschichten und die neuesten Erlebnisse mit dem eigenen Hund. Man erzählt über die Fähigkeiten des Hundes („...wie klug er ist und was er alles kann; daß er alleine spazieren geht, und wenn die Ampel grün zeigt, er die Straße überquert..."), irgendwelche lustigen Begebenheiten („...wenn er was Lustiges angestellt hat, z.B. an Ostern, als wir in der Kirche waren, hat er ganz viele Ostereier gefressen..."), wie man so mit seinem Hund umgeht und auch umgehen muß; Kinder berichten aber auch über das jeweilige Befinden ihres Hundes und schließlich noch über alle möglichen Dinge, die der Hund angestellt hat.

Haben Kinder also ein Tier bzw. einen Hund, dann gibt es genügend Stoff zur Unterhaltung; Langeweile kommt nicht auf, Kinder gewinnen Aufmerksamkeit bei Erwachsenen, sie erleben sich nicht als „Außenseiter", sondern dann plötzlich irgendwie im Mittelpunkt. Unabhängig davon und ohne daß dies mit irgendwelchen Anstrengungen verbunden wäre, üben sich Kinder auch im Beschreiben und Erzählen, d.h., sie trainieren ihr Sprachvermögen, ohne dazu besonders motiviert werden zu müssen. Da bei Kindern heute leider die sprachlichen Fähigkeiten häufig zu wenig gefordert und gefördert werden, kommt einem solchen eher unbewußten Sprachtraining eine nicht unwesentliche Bedeutung zu.

Hunde als „Lehrer": Die Pflege und Versorgung des Hundes als Aufgabe und Verpflichtung

Die Übernahme von Pflege- und Versorgungsaufgaben für den Hund scheint in vielen Familien immer wieder ein aktuelles Thema zu sein; dabei geht es dann auch nicht ohne Konflikte zwischen den Eltern und ihren Kindern ab. Dies ist aber auch gar nicht verwunderlich, müssen doch alle Kinder erst allmählich, unter der Anleitung ihrer Eltern und angeregt durch deren Vorbildlichkeit, lernen, Pflichten wahrzunehmen und dann auch zu übernehmen. Das Erlernen von Sauberkeit, Ordnung, und auch die regelmäßige Übernahme von Verpflichtungen für den sonst so geliebten Hund müssen vielfach erst einmal natürliche Widerstände überwinden. Meistens ist es auch für Kinder – ebenso wie für Erwachsene – nicht schwierig zu lernen, was man denn so eigentlich alles tun sollte, wenn man sein Heimtier gut pflegen und versorgen will, oder auch, wie man sich verhalten sollte, wenn andere mit einem zufrieden sein sollen. Dies ist auch gar nicht verwunderlich, denn 85 % der Eltern verlangen von ihren Kindern, daß sie sich um den Hund – den sie sich ja sehnsüchtig gewünscht haben – wirklich kümmern; die Pflichten, die man erfüllen soll, werden von den Kindern in allen Einzelheiten aufgeführt: Füttern, Spazierengehen, Korb putzen, Napf saubermachen, Aufräumen, Pflegen, sich mit dem Hund beschäftigen, Aufpassen, Rücksicht nehmen.

Nach ihren eigenen Angaben erfüllen Kinder die Wünsche und Anforderungen ihrer Eltern nur teilweise; von den Eltern, die entsprechende Anforderungen an ihre Kinder stellen, kommt es – wie die Kinder berichten – in 51 % der Fälle immer wieder zu Ärger, weil die Kinder nicht das tun, was sie eigentlich tun sollten. Auch Eltern müßten nun aber wohl wissen, daß Lernen sehr viel Geduld, sehr viel Liebe und sehr viel

Aufmunterung benötigt. Dabei ist dieses Lernen in Verbindung mit dem „geliebten" Hund immer noch wesentlich leichter, als wenn man dies abstrakt oder auch in Verbindung mit weniger geliebten Dingen tun müßte.

Wieviele Kinder haben nun schon gelernt, regelmäßig ihren Hund zu pflegen und zu versorgen?

Regelmäßiges Verhalten der Kinder (Anzahl der Nennungen in Prozent)	
„Gassi" gehen	73%
Füttern	36%
Aufräumen, Korb putzen, Napf saubermachen	6%
Pflegen, bürsten, kämmen, waschen, Ungeziefer entfernen	17%

Das Spazierengehen ist die Tätigkeit, die viele Kinder gerne tun; wenn es aber um das regelmäßige Pflegen und Versorgen des Hundes geht, sind Kinder nur noch zum Teil dazu bereit bzw. müssen dies erst noch lernen. Die Kinder wissen meist selbst, daß sie nicht alles tun, was notwendig wäre. Eltern müssen aber auch wissen, daß für sie ein Hund eine echte Erziehungshilfe ist, wenn es darum geht, Kindern beizubringen, daß man für Lebewesen eine Verpflichtung und Verantwortung übernehmen muß, wollen beide gut miteinander auskommen; Eltern dürfen nur nicht erwarten, daß bei aller Begeisterung der Kinder schon vom ersten Tag an alles seine Ordnung hat.

Vielleicht ist ein Hinweis noch wichtig: Im Regelfall sprechen die Eltern – und dies sind in diesem Zusammenhang in erster Linie die Mütter – immer die Kinder ohne Bezug auf den Hund an: „...du mußt jetzt endlich den Freßnapf sauber machen...du mußt jetzt die Futterdosen wegräumen – du mußt ihn jetzt endlich einmal bürsten..." usw. Man könnte sich nun aber vorstellen, daß man bei einer im Prinzip berechtigten Kritik den Hund und seine Bedürfnisse stärker in den Mittelpunkt stellt: „...dein Hund muß immer einen sauberen

Napf haben, damit er gesund bleibt..." usw. Auch Kindern muß eine einsichtige Begründung gegeben werden, warum man etwas Bestimmtes tun oder auch lassen soll. Kinder wollen, daß es ihrem Hund immer gut geht, und deshalb lassen sie sich auch schneller dazu veranlassen, für ihn etwas zu tun.

Man sollte also stets berücksichtigen, daß die Krankheit eines Tieres bei Kindern immer tiefe Betroffenheit auslöst; sie finden dies schlimm, fürchterlich und schrecklich; sie haben dann Angst, daß der Hund nicht mehr gesund wird, und empfinden sehr viel Mitleid „...weil er nicht mehr so ausgelassen herumtobt und so hilflos und traurig wirkt...". Wenn der Hund krank ist, haben sich 76 % der Kinder plötzlich ganz besonders intensiv um die Pflege ihres Hundes gekümmert und sind dann auch großenteils beim Tierarzt dabei. Kinder sind in einer solchen gefühlsmäßig sehr kritischen Situation verstärkt bereit, alles für die Pflege und Versorgung ihres Tieres zu tun; sie erleben, daß ihr Hund auch von ihnen, also dem Menschen, abhängig ist; in der Not lernt man also schneller Dinge zu tun, die sonst manchmal nur mit viel Widerwillen durchgeführt werden. Sie sind in einer solchen Situation aber auch aufgeschlossener für Informationen über die notwendigen Pflegemaßnahmen. Kinder lernen in Verbindung mit der Krankheit ihres Heimtieres darüber hinaus, was es überhaupt bedeutet, wenn Menschen krank sind, und was dann alles unternommen werden muß, damit sie wieder gesund werden. Kinder begreifen dadurch fast automatisch, daß Kranksein immer etwas damit zu tun hat, für ein Lebewesen da zu sein.

Ein besonders nachhaltiges und schmerzliches Erlebnis für Kinder ist der Tod eines Heimtieres; dem Tod als Bestandteil des Lebens begegnen bewußt Kinder am häufigsten in Verbindung mit einem Tier: 84 % der von uns befragten Kinder erinnern sich an ein solches Ereignis. Es war die Trauer und das Weinen über eine größere Zeitstrecke, an die sich Kinder ebenso erinnern wie an die Gefühle des Verlassenseins und der Einsamkeit: „... er fehlte überall; ich war jetzt ganz allein, einsam, dachte mir immer wieder ... jetzt hab ich meinen

Freund verloren...". Das „Nicht-Fassenwollen" des Todes als psychologischer Widerstand gegenüber dem Urerlebnis Tod begegnet dem Menschen als Kind in Verbindung mit seinem geliebten Heimtier. „...ich war sehr erschrocken, ich wollte es nicht glauben und nicht sehen, daß er einfach tot ist; man denkt immer, daß die Tiere nie sterben, und wenn es dann passiert, ist es sehr schlimm...".

Dieses starke Gefühlserleben ist nun aber auch ein Ansatzpunkt für Eltern und Erzieher, mit dem Kind über Leben und Tod ein erstes Gespräch zu führen. Das Erlebnis Tod wird in unserer Gesellschaft vielfach verdrängt, um uns dann unvorbereitet zu einem nicht vorherbestimmbaren Zeitpunkt um so härter zu treffen. Den das Leben eines Menschen bestimmenden Grunderlebnissen von Liebe, Geburt, Krankheit und Tod kann das Kind im Umgang mit seinen Heimtieren schon frühzeitig begegnen. Eltern sollte es leichter gelingen, ihre Kinder mit dem Leben vertraut zu machen – sie aufzuklären, wie das heute so schön heißt –, wenn sie dies anschaulich und mit großer gefühlsmäßiger Beteiligung in Verbindung mit ihren Haustieren tun. Tiere können so zu Brücken für das Verständnis vom Leben überhaupt, seinen Höhepunkten und Tiefen werden.

Ärzte, Psychologen und Pädagogen beurteilen die Wirkung von Heimtieren

Allein, wenn man die Vielfalt der Bedeutungen kennt, die für Kinder Heimtiere im allgemeinen und Hunde im besonderen haben, also weiß, wie Kinder in ihrem Erleben beeindruckt und in ihrem Verhalten davon mitbestimmt werden, kann es eigentlich keinen Zweifel darüber geben, daß Kinder – aber natürlich auch Erwachsene – von ihren Heimtieren mit geprägt werden. Die Heimtiere sind dabei nicht nur gern gesehene „Lehrer", sondern auch gern gesehene „Mediziner" und „Psychologen".

Man muß sich in diesem Zusammenhang immer wieder vergegenwärtigen: Heimtiere und Menschen sind in ihrer gemeinsamen Entwicklungsgeschichte in einem System wechselseitiger Abhängigkeiten eng miteinander verbunden. Heimtiere waren dem Menschen immer selbstverständliche Begleiter und ein wesentlicher Bestandteil seines Lebens und damit wohl auch Lebensqualität. Tiere werden durch Menschen und Menschen werden durch Tiere in ihrem Verhalten geprägt und auch verändert. Dafür gibt es heute bereits eine Vielfalt wissenschaftlicher Erkenntnisse. Wir wollen im folgenden über Ergebnisse von Untersuchungen berichten, die wir mit 120 Ärzten und jeweils 100 Grundschullehrern, Erziehern, Psychologen, aber auch mit Vätern und Müttern durchgeführt haben. Dabei ging es immer darum, welche Erfahrungen diese Fachleute der Medizin, der Pädagogik sowohl unter den Aspekten Prävention wie Therapie, aber vor allem auch bei der Erziehung von Kindern mit Heimtieren gemacht haben. Letztlich interessierte uns die Frage, was denn nun Heimtiere letztlich bei Kindern alles zu bewirken vermögen; auch, ob sich Kinder mit einem Haustier von denen ohne ein solches in bestimmter Hinsicht unterscheiden und schließlich, wie man denn zur Empfehlung eines Heimtieres für Kinder steht.

Heimtiere als Medizin

In zunehmendem Maße sprechen Ärzte heute Heimtieren einen nachhaltigen Einfluß auf Menschen im allgemeinen und Kinder im besonderen zu; erwähnt werden in diesem Zusammenhang u.a. Herz-Kreislauf-Erkrankungen, Erkrankungen des Bewegungsapparates, psychosomatische Erkrankungen.

In Verbindung mit den uns zentral interessierenden Fragen denken Ärzte zunächst an die zunehmenden Verhaltens- und Entwicklungsstörungen bei Kindern, wie sie z.B. nach einer Scheidung der Eltern häufig auftreten; solche Kinder können durch die Beschäftigung mit einem Tier ihr „Gleichgewicht wiederfinden"; aber auch bei kindlichen Entwicklungsstörungen mit einer anderen Entwicklungsgeschichte sieht man sehr positive Einflüsse von Heimtieren, und zwar dann, wenn die „Eltern das Kind im Umgang mit dem Tier leiten und Emotionen und Verhaltensweisen steuern können"; als weiterer Anwendungsbereich werden verwahrloste Jugendliche angeführt, denen ebenfalls ein Tier helfen könne, dies „aber nur unter Aufsicht, sonst verwahrlosen beide".

Auch das Ausmaß der Diskussion über die positiven erzieherischen Wirkungen von Heimtieren auf körperbehinderte Kinder und solche, die viel allein sein müssen, gewinnt bei Ärzten zunehmend an Aktualität. Ärzte, in deren Familien selbst irgendein Heimtier lebt, heben die psychologische Wirksamkeit von Heimtieren in besonders ausgeprägtem Maße hervor. Kinder lernen, so jedenfalls die Erfahrungen der Ärzte, insbesondere von Hunden
- die Übernahme von Verantwortung für ein Lebewesen und damit Verantwortungsbewußtsein, Verantwortungsgefühl und Pflichtbewußtsein
- die Notwendigkeit, Rücksicht zu nehmen, Bedürfnisse anderer wahr- und auch anzunehmen, sich anzupassen

- die Achtung vor und Sensibilität für Lebewesen: „Erfahren, daß andere auch Gefühle haben, daß Heimtiere auch lebendige Wesen sind, die sich freuen, die sich weh tun, denen andere weh tun können und die mitleiden; lernen, daß man mit Tieren auch nicht alles machen kann, was man will"
- die Entstehung freundschaftlicher Bindungen und damit die Einübung von Sozial- und kooperativem Verhalten
- den Umgang mit Schwächen: Toleranz und Hilfsbereitschaft
- die Bedeutung von Bezugspersonen
- die Eingliederung in eine Gruppe mit Hilfe eines Hundes
- die „Veröffentlichung" der eigenen Gefühle: Man kann im Umgang mit einem Heimtier im „Streicheln" und „Liebhaben" seine Gefühle zulassen und zeigen und braucht sie nicht zu verdrängen
- Naturverbundenheit und Natürlichkeit: „Ein Tier bringt die Natürlichkeit zurück; derjenige, der sich ein Tier hält, ist eben naturverbunden; das Tier zeigt uns wieder den normalen Instinkt, der bei uns degeneriert ist; wir sind einfach zu wissenschaftlich".

Es wäre zu wünschen, daß sich noch mehr Ärzte, als dies bisher schon der Fall ist, mit der Bedeutung von Heimtieren für Kinder befassen würden. Allerdings machen unsere Untersuchungen mit Ärzten schon deutlich, welche positiven Wirkungen von Heimtieren auf Kinder ausgehen.

Worin diese Wirkungen letztlich begründet sind, haben unsere Kinderuntersuchungen gezeigt; weil Kinder ihre Heimtiere mit „Leib und Seele" lieben, können Heimtiere auch soviel bewirken: Krankheiten vermeiden und an ihrer Heilung beteiligt sein, Freude und Zärtlichkeit vermitteln und gleichzeitig positiv erzieherisch mitwirken, Konflikte zu lösen und Traurigkeiten zu vertreiben.

Heimtiere als Miterzieher

Erziehungsziele und Erziehungsmängel

Wer über Erziehungsförderung nachdenkt, muß bei der Frage nach den Erziehungszielen beginnen. Dabei sollen in diesem Zusammenhang einmal die Entwickung und Förderung der intellektuellen Fähigkeiten und Kompetenzen sowie der Erwerb bestimmter sprachlicher und „handwerklicher" Fertigkeiten ebenso unbeachtet bleiben wie das weite Feld der sogenannten Allgemeinbildung. Beachtung sollen vielmehr die sozialen Erziehungsziele finden, die nicht selten in unseren Elternhäusern, aber auch in Schulen und Hochschulen eine gewisse Vernachlässigung erfahren. Die Frage ist hier: Was sollen und müssen Kinder unter dieser Perspektive lernen? Stichwortartig aneinandergereiht ergeben sich folgende Notwendigkeiten:

Der Erwerb sozialer und kommunikativer Kompetenz
Kinder müssen, um mit ihrer Umwelt leben zu können, lernen, miteinander verständlich zu kommunizieren, dialogfähig zu werden. Dazu gehört nicht nur sprachliches, sondern wesentlich auch nichtsprachliches Verhalten. Kinder lernen dies nur, wenn sie
- das mimische Verhalten anderer beobachten, beachten, interpretieren und darauf angemessen reagieren können;
- lernen, andere zu beachten, ihnen zuzuhören, Reaktionen wechselseitig aufeinander abzustimmen, Rücksicht zu nehmen;
- anderen die eigenen Gefühle, Empfindungen und Probleme in einer angemessenen Sprache vermitteln;
- widerstreitende Interessen und Wünsche kompromißfähig machen.

Das Erlernen von Verantwortlichkeit und Verantwortungsbewußtsein
Kinder müssen erst lernen:
- die Übernahme von Verpflichtungen und Verantwortung für andere;
- Ordnung als Basis geregelten und konfliktfreien Zusammenlebens: Erfüllung von berechtigten Anforderungen und Vorschriften;
- die Berechtigung von Lob und Tadel als Grundlage von Entwicklung und Erziehung;
- die Akzeptanz anderer.

Das Lernen sozialer Verhaltensweisen
Kinder müssen nicht nur theoretisch und abstrakt, sondern in der alltäglichen Praxis, im konkreten Tun und Handeln, lernen sowie einüben
- das Sozialverhalten in der Gruppe;
- den Umgang mit Konflikten, kritischen Lebensereignissen, Mißerfolgen und den eigenen Aggressionen;
- die Konsequenzen von Egoismus und „Eigenbrötelei";
- die Beachtung des Territoriums anderer;

- die Gewinnung von Vertrauen, Sympathie, Bindungsfähigkeit;
- den Umgang mit den eigenen Gefühlen.

Dies alles sind primär zwar Erziehungsziele für Kinder, letztlich aber doch eine lebenslange Aufgabe für den Menschen überhaupt. Wir haben in unseren repräsentativen Studien zeigen können, daß das Bedürfnis nach einem „kommunikativen Lebensstil" zunehmend zu der Grundlage menschlicher Lebensqualität wird. Die Mehrheit der Erwachsenen wünscht sich nämlich Menschen und Partner,
- die einander zuhören und miteinander reden
- die Verantwortung füreinander übernehmen
- die sich wechselseitig anerkennen und bestärken
- die Probleme gemeinsam lösen und sich mit den Problemen des anderen auseinandersetzen
- die Dankbarkeit empfinden und vermitteln
- die zärtlich, liebevoll miteinander umgehen
- die miteinander spielen
- die miteinander Erfolge erleben und Traurigkeit verarbeiten können
- die durch Gemeinsamkeit Glück erleben.

Zweifellos sind dies alles vielfach schon – wenn auch weniger klar formuliert – Wünsche von Kindern, die letztlich ihren berechtigten Niederschlag in den angeführten Erziehungszielen finden. Daß zu der Verwirklichung solcher Wunschvorstellungen und damit der Erfüllung von Erziehungszielen Heimtiere einen nicht unwesentlichen Beitrag zu leisten vermögen, zeigen die Ergebnisse unserer Untersuchungen.

Zunehmend erleben heute nicht nur alte Menschen, sondern in gleicher Weise auch Kinder das Defizit an sozialer Anregung und Anerkennung, an Zuneigung und sozialer Unterstützung, an Erfolgserlebnissen, an Schutz und Geborgenheit u. a.

Kinder erleben sich immer wieder und mit steigender Tendenz alleingelassen, unverstanden, aus Zeitgründen abgeschoben, ungeliebt, erfolglos. Sicherlich können Heimtiere niemals Menschen „ersetzen", wohl aber können sie, als selbstverständlicher Bestandteil einer Familie, mithelfen, das Zusammenleben positiv zu gestalten und konfliktfreier zu regulieren. Werden sie aus diesem Zusammenleben ausgeschlossen – verzichtet man auf Heimtiere –, dann verzichtet man auch auf ein Stück Lebensqualität und Natürlichkeit des Erlebens, des Erziehens und des Abbaus von Spannungen. Viele Eltern wissen heute leider immer noch nicht, welchen wesentlichen Beitrag Heimtiere im Rahmen kindlicher Erziehung und Entwicklung zu leisten vermögen. Dies gilt natürlich vor allem für Eltern, die selbst ohne Heimtiere aufgewachsen sind und auch gegenwärtig keine besitzen.

Die Erfahrungen von Lehrern, Psychologen, Vätern und Müttern

Über den Erfolg von Heimtieren, insbesondere von Hunden, im Erziehungs- und Therapieprozeß bei Kindern wird von Erziehern und Kinderpsychologen zunehmend berichtet. Auch Eltern sehen verstärkt diese Möglichkeiten: Der Hund als Erziehungshilfe für verantwortungsbewußtes Handeln, für den Erwerb sozialer Kompetenz und von Fertigkeiten, für die Überwindung von Einsamkeit, Mißerfolgen, Traurigkeit, für den Abbau von Aggressionen, aber auch für das Erleben und Verarbeiten von zentralen Ereignissen menschlicher Existenz: Geborgenheit, Zuneigung, Sexualität, Geburt und Tod.

Was sind nun die wesentlichen Ergebnisse unserer Untersuchungen? Grundschullehrer glauben, in 45 % der Fälle die Beobachtung gemacht zu haben, daß sich Kinder, bei denen es zu Hause ein Tier, wie zum Beispiel einen Hund oder eine Katze, einen Vogel oder ein Meerschweinchen, gibt, anders entwickeln als die übrigen Kinder; bezüglich welcher Eigenschaften und Verhaltensweisen sie dabei einen mitprägenden Einfluß ausüben, kann der folgenden Tabelle entnommen werden.

Kinder mit Heimtieren
Verstärkt ausgeprägte Merkmale
Grundschullehrer (Anzahl der Nennungen in Prozent)

Verträglichkeit, weniger aggressiv	24%
Ausgeprägtes Sozialverhalten	22%
Entwicklung von Verantwortungsbewußtsein	22%
Seelische Ausgeglichenheit	13%
Freundlich, fröhlich, aufgeschlossen	11%
Einfühlsam, liebevoll	11%
Hilfsbereit, fürsorglich	9%
Gesprächiger, redegewandt	9%

Die folgende Tabelle gibt an, inwieweit Grundschullehrer meinen, daß der Besitz von Heimtieren auf Kinder einen sehr guten bzw. guten Einfluß hinsichtlich ihrer Entwicklung und damit auf die Verwirklichung unterschiedlichster Wert- und Zielvorstellungen menschlicher Erziehungsbemühungen hat.

**Der Einfluß von Heimtieren auf Kinder
wirkt sich positiv aus vor allem in bezug auf:**
Grundschullehrer (Anzahl der Nennungen in Prozent)

Lernen von Verantwortungsbewußtsein, Selbständigkeit, Pflichtbewußtsein	85%
Ruhe und Ausgeglichenheit	67%
Integrationsfähigkeit, Kameradschaft	62%
Psychologische Stabilisierung	58%
Überwindung von Traurigkeit	56%
Disziplin, Selbstbeherrschung	47%
Abbau von Aggressionen	45%
Verhältnis zu anderen Menschen	34%
Überwindung von Mißerfolg, Steigerung des Selbstwertgefühls	31%
Allgemeine Entwicklung des Sozialverhaltens	18%
Lernen, Anfertigung der Hausaufgaben	15%

Daraus ergibt sich, daß in einem erstaunlichen Ausmaß das Zusammenleben mit einem Heimtier als eine Art Training für die Entwicklung der Grundlagen sozial verantwortlichen wie sozial verträglichen Verhaltens angesehen wird. Darüber hinaus vermag das „Heimtier als Miterzieher" auch einen Beitrag zum Ausgleich von gefühlsmäßig aufgeladenen Situationen (Konflikten, Traurigkeit, Mißerfolg) und damit auch zur Bewältigung, wie aber letztlich dann zur Vermeidung von kritischen Ereignissen und Affektausbrüchen zu leisten. Heimtiere sind vor dem Hintergrund dieser Ergebnisse Stabilisatoren kindlichen Erlebens und Verhaltens, weil sie wesentlich mit dazu beitragen, Freude verstärkt zu erleben und Trauriges wie Bedrohliches verstärkt abzubauen. Dabei erlernt man im Umgang mit Heimtieren vieles in natürlicher Weise, ohne Zwang und mit hoher Motivation. Und man lernt Dinge, die man dann genauso natürlich auf den zwischenmenschlichen Bereich übertragen kann.

In einer weiteren Untersuchung, in der neben Grundschullehrern auch Erzieherinnen, Kinderpsychologinnen und Eltern über die Einflüsse eines Hundes auf die Entwicklung eines Kindes befragt wurden, ergaben sich die in einer weiteren Tabelle dargestellten Ergebnisse. Erfaßt wurden wiederum nur die Nennungen, die von einer sehr guten bzw. guten Wirkung von Heimtieren für Kinder in den verschiedenen Erlebnis- und Verhaltensbereichen ausgehen.

Ein Hund wirkt sich besonders positiv aus in bezug auf:
Anzahl der Nennungen in Prozent

	Erzieher	Kinderpsychologen	Mütter	Väter
Lernen von Verantwortungsbewußtsein, Pflichtbewußtsein	61%	59%	79%	68%
Steigerung des Selbstwertgefühls durch Übernahme von Verantwortung	43%	51%	71%	59%
Überwindung von Mißerfolgen	29%	26%	47%	47%
Überwindung von Einsamkeit, „Eigenbrötelei"	41%	35%	59%	53%
Überwindung von Traurigkeit	39%	33%	63%	68%
Psychologische Stabilisierung durch „Partnerschaft"	40%	40%	68%	73%
Allgemeine Entwicklung des Sozialverhaltens	47%	50%	77%	75%
Verhältnis zu anderen Menschen	21%	25%	47%	47%
Abbau von Aggressionen	23%	25%	46%	45%

Bei diesen Ergebnissen ist zu berücksichtigen, daß alle Mütter und Väter Heimtierbesitzer sind; diese Erfahrung macht wohl auch verständlich, warum sie noch wesentlich stärker als die übrigen Gruppen die erzieherische Bedeutung von Heimtieren sehen. Ein Rückblick auf die dargestellten Erziehungsziele: soziale kommunikative Kompetenz, Verantwortungsbewußtsein und sozialer Verhaltensstil machen deutlich, daß zu deren Erreichung nach Ansicht eines Großteils aller, die mit Erziehungsaufgaben betraut sind, Heimtiere wohl einen nicht unwesentlichen Beitrag zu leisten vermögen. Es lohnt sich also, in der Erziehung über die Bedeutung von Heimtieren und vor allem darüber, wie diese wieder zu selbstverständlichen „Familienmitgliedern" werden können, nachzudenken. Es ist dies letztlich eine Aufgabe für alle, die mit der Erziehung von Kindern zu tun haben.

Heimtiere sind aber nach allem, was wir wissen, nicht nur eine wesentliche Hilfe für den Erwerb sozialer Fähigkeiten und Kompetenzen, sondern auch aktive Helfer bei der Überwindung von Konflikten, Belastungen, vor allem auch für den Abbau aggressiver Verhaltensweisen.

In einer Zeit steigender Alltagsaggressionen, an denen zunehmend auch schon Schulkinder – Thema: Gewalt an Schulen – beteiligt sind, stellt sich für alle am Erziehungsprozeß beteiligten Menschen die drängende Frage nach den Möglichkeiten, die Entwicklung solcher *aggressiven* Verhaltensweisen zu verhindern bzw. auch vorhandene Aggressionsbereitschaft wieder abzubauen. In welchem Ausmaß nun Heimtiere *eine* Möglichkeit für den Aggressionsabbau bei Kindern darstellen, haben wir ebenfalls untersucht.

Da man diesem Thema in gleicher Weise mit hoher Aktualität und Betroffenheit wie auch Unsicherheit und Hilflosigkeit begegnet, scheint es notwendig, darauf besonders einzugehen. Dies nicht zuletzt auch deshalb, weil in den uns vorliegenden Untersuchungen alle befragten Gruppen von einem noch zunehmenden Aggressionsverhalten bei Kindern ausgehen. Als Gründe dafür werden drei Ursachenbündel genannt: 1) Umwelteinflüsse und Formen passiver Freizeitgestaltung, 2) Fehler und Defizite in der Eltern-Kind-Beziehung und 3) allgemeine Umwelteinflüsse. Wieweit in diesem Zusammenhang alle Ursachenfaktoren wissenschaftlich hinreichend abgesichert sind, soll nun in diesem Zusammenhang nicht weiter interessieren; sicherlich sind hierzu aber noch weiterführende Untersuchungen notwendig.

Gründe für zunehmende kindliche Aggressionen
(Anzahl der Nennungen in Prozent)

	Lehrer	Erzieher	Psychologen	Mütter	Väter
Fernsehen, Videofilme	73%	85%	38%	44%	44%
Erziehungsfehler im Elternhaus	35%	8%	23%	4%	8%
Fehlende Zeit der Eltern für ihre Kinder	24%	47%	43%	24%	20%
Familienkonflikte	24%	39%	30%	24%	8%
Umwelteinflüsse	18%	32%	41%	36%	48%
Leistungsdruck	5%	15%	15%	32%	24%

Wie stark nun aggressives Kinderverhalten in Mängelerscheinungen der Eltern-Kind-Beziehung begründet gesehen wird, machen die Antworten auf die Frage nach den Voraussetzungen für den Abbau kindlicher Aggressionen besonders deutlich.

Voraussetzungen für den Abbau kindlicher Aggressionen Anzahl der Nennungen in Prozent					
	Lehrer	Erzieher	Psychologen	Mütter	Väter
Kommunikation, Gespräche mit dem Kind, Vertrauen gewinnen	59%	47%	34%	51%	52%
Zuwendung, Verständnis	16%	27%	19%	39%	19%
Geduld	—	13%	9%	26%	22%
Sport	17%	26%	9%	3%	10%
Ruhig bleiben, Vorbild sein	17%	12%	3%	8%	8%
Aufgaben übertragen	7%	8%	6%	2%	7%
Strenge zeigen, Verbote aussprechen	5%	2%	4%	17%	23%
Freiraum schaffen, Erziehung umstellen	11%	14%	16%	8%	10%

Diese Ergebnisse fordern letztlich von Eltern bei deren Bemühungen, aggressives Verhalten bei ihren Kindern abzubauen, Kommunikation, Geduld, Zeit für die Kinder, Zuwendung, Verständnis, Vertrauen und Ruhe; aber auch deren Heranführen an Verantwortlichkeit und Akzeptanz von hinreichend begründeten Verhaltensregeln und Ordnung. Daß solche Erziehungsnotwendigkeiten in einer für Eltern sehr belasteten, konfliktreichen und bedrückenden Situation jede mögliche Unterstützung erfahren sollten, bedarf keiner Diskussion. Aus den vorliegenden Untersuchungsergebnissen ergibt sich, daß dabei Heimtiere – Pädagogen denken in diesem Zusammenhang mit den in Klammern angeführten Nennungshäufigkeiten an Hunde (57 %), Katzen (33 %), Hamster, Meerschweinchen, Zwerghasen (37 %), Vögel (12 %), Zierfische (8 %) – einen nicht unwesentlichen fördernden, helfenden und auch vorbeugenden Beitrag zu leisten vermögen. Diese Einsichten erklären auch die relativ hohen Empfehlungswerte für die Anschaffung eines Heimtieres dann, wenn Eltern Probleme mit aggressiven Kindern haben.

Empfehlung eines Heimtieres für Eltern mit aggressiven Kindern
Anzahl der Nennungen in Prozent

	Grundschullehrer	Erzieher	Kinderpfleger	Mütter	Väter
Man würde zuraten	49%	32%	33%	50%	55%
Man würde das vom Einzelfall abhängig machen	30%	34%	30%	14%	21%
Man würde abraten	17%	31%	36%	36%	24%
Keine Angaben	4%	3%	1%	—	—

So läßt sich das, was wir heute wissen, in folgenden drei Punkten zusammenfassen:
1) Es ist wissenschaftlich nicht mehr zu bestreiten, daß Heimtiere eine wesentliche Bedeutung als Co-Therapeuten und Miterzieher haben.
2) Je selbstverständlicher Heimtiere wieder werden, desto natürlicher und selbstverständlicher erfüllen sie auch ihre Funktion in Therapie, Vorbeugung und Erziehung.
3) Als Miterzieher vermitteln und trainieren sie soziale Kompetenz, Kommunikationsverhalten, Kommunikations- und soziale Integrationsfähigkeit. Darüber hinaus leisten sie einen wesentlichen und fortwährenden Beitrag zur Entwicklung und Darstellung von Gefühlen, zur Stabilisierung von Stimmungsschwankungen, aber auch zur Bewältigung von Konflikten, kritischen Lebensereignissen, Einsamkeit und in diesem Zusammenhang auch zum Abbau von Aggressionen.

Es läßt sich also eindeutig nachweisen, daß bei Zunahme der Risikofaktoren kindlicher Entwicklung, sowohl aus dem Blickwinkel von Erwachsenen wie aber auch aus dem Erleben der Kinder, Heimtiere notwendige, selbstverständliche und dabei stets geliebte Miterzieher sein sollten. Die Verweigerung von Heimtieren bei Kindern wäre deshalb eine Verweigerung entscheidender Faktoren kindlicher Lebensqualität.

Was Eltern über Hunde wissen sollten und auch Kinder lernen müssen

Will man Freude an seinem Hund haben, gilt es einiges zu beachten. Vor allem: Vor der Anschaffung eines Hundes lohnt es sich, Informationen zusammenzutragen, die behilflich sind, die richtige Wahl zu treffen und dann auch das Heimtier artgerecht zu halten.

Die Fragen, auf die man auf jeden Fall eine Antwort haben muß, lauten:
- Wo soll man einen Hund kaufen, und welcher Hund kommt für eine Familie in den jeweiligen Wohnverhältnissen in Frage?
- Was gehört alles zu einer richtigen Ernährung und Pflege?
- Wie oft muß der Hund zum Tierarzt, und was ist alles für eine hygienische Hundehaltung erforderlich?
- Was müssen Eltern und was müssen Kinder über die Voraussetzungen der Entwicklung einer positiven Kind-Hund-Beziehung wissen?

Hundekauf, Ernährung, Pflege, Impfungen und Tierarztbesuch

Der Hundekauf

Der Wunsch nach einem Heimtier ist 73% der Kinder schon einmal durch eine Überraschung erfüllt worden; sie erinnern sich daran noch mit viel Freude. Es ist für Kinder ein unvergeßliches Erlebnis, wenn sie ein Heimtier, insbesondere aber, wenn sie einen Hund geschenkt bekommen. Es wäre schön, wenn man in Zeiten so vieler überschüssiger und wenig sinnvoller Kindergeschenke einmal auf die Idee käme, ein Heimtier zu schenken, eben z.B. einen Hund. Und da ein kleiner Hund für ein Kind das größte, schönste Geschenk ist, bietet sich das größte und schönste Fest an: Weihnachten. Der Anlaß ist zwar richtig, der Tag aber falsch.

Der Tag, an dem ein kleiner Hund ins Haus kommt, ist für Mensch und Hund ein aufregender Tag, sollte deshalb ein stiller Tag sein, ohne Besuch und Trubel. Die „Stille Nacht" ist meist das Gegenteil, nämlich Heiligabend- bzw. Feiertagstrubel. Es besteht also kaum eine Möglichkeit, sich mit dem neuen Familienmitglied in Ruhe anzufreunden und zu beschäftigen, ganz ohne Streß – zumal der kleine Hund doch selber genug Streß hatte, indem er von Hundemutter und Geschwistern gerade getrennt wurde. Die Wahrscheinlichkeit einer falschen Behandlung ist groß; alles dreht sich dann z.B. um den „süßen kleinen Hund", und da kommen dann alle anderen Dinge und Menschen zu kurz, was nicht immer ohne Konflikte bleibt; ihre Entstehung wird dann dem Tier angelastet, obwohl eigentlich der Mensch etwas Richtiges, Wesentliches – nur leider zum falschen Zeitpunkt – getan hat.

Einen Hund zu Weihnachten zu schenken, muß ja nicht bedeuten, daß er mit Schleife unterm Weihnachtsbaum sitzt. Die Schleife tut's auch, wenn daran z.B. ein Gutschein hängt: Du bekommst einen Hund, fest versprochen, und das noch vor Ostern.

Eine andere Möglichkeit wäre, wenn das Kind unter seinen Geschenken ein kleines Päckchen mit einer Dose Welpennahrung findet. Auf die sicher ungläubige Frage, was das bedeute, erfährt das Kind dann: Du hast dir doch einen Hund gewünscht, er ist schon auf die Welt gekommen, bald darfst du ihn beim Züchter besuchen, und dann dauert es nur noch ein paar Wochen, bis er zu uns nach Hause kommt. So ein „Weihnachts"-Hund kann aber auch im Foto der Hundemama bestehen, verbunden mit dem Versprechen: Wir besuchen ihre Babys, und du darfst dir eines aussuchen, und wenn es zehn Wochen alt ist, holen wir es ab. Das Frühjahr ist dann sowieso ein besserer Zeitpunkt für die Ankunft eines kleinen Hundes.

Wenn Schnee und Frost vorbei sind, wird er nämlich draußen schneller stubenrein.

Auch eine Möglichkeit: Das Kind bekommt einen Gutschein zum gemeinsamen Besuch der nächsten Hunde-Ausstellung oder ein Buch, in dem es sich informieren kann, welchen Hund es möchte und welcher am besten in die Familie paßt.

Der Kauf eines Hundes ist nun aber eine Entscheidung, die nicht ohne vorangegangene grundsätzliche Überlegungen getätigt werden sollte; man muß sich nämlich über folgende Fragen im klaren sein:

Wollen wir einen Rüden oder wollen wir eine Hündin?
Bei dieser Entscheidung sollte man wissen, daß männliche Hunde – Rüden – eben etwas „rüder", d.h. etwas lebhafter und selbstbewußter sind als Hündinnen. Rüden brauchen eine feste Hand. Hündinnen sind dagegen in ihrem ganzen Wesen meist anschmiegsamer und leichter zu erziehen, sie ordnen sich schneller in eine Familie ein.

Beim Rüden kann das „Gassi" gehen etwas aufwendiger sein, weil er überall sein Revier „markiert", was man ihm auch gewähren sollte. Man muß aber auch daran denken, daß Hündinnen zweimal im Jahr etwa drei Wochen lang läufig sind – was erhöhte Wachsamkeit bedeutet. Dagegen können Rüden liebeskrank werden und neigen dann zum Herumstromern.

Wo wollen wir den Hund kaufen?
Am besten bei einem guten Züchter. Den kann man daran erkennen, daß er einen engen Kontakt und ein gutes Verhältnis zu seinen Hunden hat. Er ist Hundeliebhaber, schaut vor allem nicht so sehr auf's Geld, sondern auch auf den Käufer, weil er möchte, daß sein Hund in die besten Hände kommt. Ein guter Hundezüchter züchtet meistens nur eine Rasse, und die Hunde leben mit ihm im Haus oder ganz nah dabei. Der Zwinger ist so gestaltet, daß die Welpen selbst jede Erfahrung machen können, die für ihr späteres Verhalten wichtig ist.

Dazu gehören z. B. im Hinblick auf die schnelle Stubenreinheit unterschiedliche Bodenbeschaffenheiten.

Wesentlich ist auch, daß die Welpen in der Familie des Züchters zusammen mit Kindern groß werden oder Kontakte mit Kindern haben. Denn bei jedem „Kinder"-Hund sollte die Voraussetzung sein, daß er als Welpe in seiner Sozialisierungsphase (zwischen der vierten und siebten Lebenswoche) bereits positiven Kontakt zu Kindern hatte. Dazu muß man wissen, daß ein Welpe von seinem Umfeld geprägt wird. Was er in den ersten Wochen erlebt, positiv wie negativ, vergißt er nicht mehr.

Einen guten Züchter erkennt man auch daran, daß wir stets willkommen sind, weil unser Besuch auch eine Belebung des Umfeldes der Welpen mit sich bringt. Beim ersten Besuch, wenn die Welpen etwa vier Wochen alt sind, sollte man schon den „eigenen Hund" aussuchen. Das Hundebaby muß spontan gefallen, sollte ein glänzendes Fell, klare Augen und rosafarbenes Zahnfleisch haben – alles Zeichen für beste Gesundheit. Es sollte selbstbewußt sein, aber nicht seine Mitgeschwister beherrschen, sollte lebhaft, aber auf keinen Fall dreist sein. Zeigt ein Welpe, daß er sich im Rudel wohl fühlt und gern mit seinen Geschwistern spielt, so wird er ein angenehmer Hausgenosse.

Welpen, die ängstlich erscheinen und sich abseits von den Geschwistern aufhalten, zeigen einen Mangel an Kontaktfreude und sind dann auch später keine idealen Familien-Kumpel. Gute Züchter können der *Verband für das Deutsche Hundewesen (VDW)* (Westfalendamm 174, 44141 Dortmund) oder die *Interessengemeinschaft deutscher Hundehalter e.V.* (Auguststr. 5, 22085 Hamburg) empfehlen.

Natürlich kann man sich auch in einem Tierheim einen Hund aussuchen und ihm damit eine große Freude bereiten. Allerdings muß man wissen, daß Hunde aus dem Tierheim oft ein trauriges Schicksal hinter sich haben. Sie brauchen deshalb meistens sehr viel Verständnis, Nachsicht und Geduld, damit zwischen dem Hund und seinem neuen Herrn erst einmal wieder Schritt für Schritt Vertrauen aufgebaut werden kann.

Da Hunde aus dem Tierheim aber meist schon erwachsen sind, brauchen sie etwas mehr Zeit, um sich an die neue Umgebung zu gewöhnen, und sind deshalb für Familien mit kleinen Kindern nicht immer geeignet. Gute Beratung erhält man von den Tierheimmitarbeitern.

Bei dieser Gelegenheit muß allerdings noch eindringlich vor Hunden gewarnt werden, die man per Katalog „direkt vom Züchter" kaufen kann. Sie wachsen im Regelfall in seelenlosen, technisch perfekten „Hunde-Fabriken" auf und werden der Rendite wegen viel zu früh von ihren Geschwistern getrennt.

Welchen Hund wollen wir kaufen?
Dies ist keine leichte Entscheidung. Es gibt etwa 400 Hunderassen, von denen allein in Deutschland etwa 250 Rassen gezüchtet werden. Und dazu kommt noch eine Vielzahl von Mischlingshunden. Gerade diese Vielfalt macht eine Entscheidung für einen bestimmten Hund so schwierig. Es ist nur allzu verständlich, daß man zunächst einmal nach Sympathie, nach Aussehen und Kindheitserinnerungen geht. Aber auch bei einem Herzenswunsch sollte man den Verstand nicht außer acht lassen. Deshalb ist es wichtig, daß man sich zunächst über das Einmaleins der richtigen Hundeerziehung und die Anforderungen bei den verschiedenen Rassen und Mischlingstypen informiert.

Wer als Kind immer von einem Bernhardiner träumte, sollte sich als Erwachsener diesen Wunsch nicht erfüllen, wenn er in einer engen Wohnung im fünften Stock wohnt. Je höher die Etage, desto kleiner sollte der Hund sein, lange Rücken auf kurzen Beinen brauchen Parterrewohnungen oder Lifte. Schlittenhunde gehören nicht ins Appartement. Für kleine Stadtwohnungen eignen sich am besten kleine bis mittelgroße Hunde. Auch sollten sich Menschen, die nicht so gerne an die frische Luft gehen, nicht gerade einen Hund mit besonders ausgeprägtem Bewegungsdrang aussuchen; also keinen Windhund für Wind- und Wettermuffel.

Welcher Hund ist „brav" und welcher „böse"?
Die Welt, in der wir leben, ist so bunt, hat so viele Farbnuancen. Seltsam, daß schwarz und weiß für viele Menschen die einzigen Farben sind. Aber es gibt nun einmal nicht „brave" Hunde auf der einen und „böse" Hunde auf der anderen Seite. Dies ist eine Schwarz-Weiß-Malerei – ein Vorurteil – von Menschen, die keine Sympathie und kein Verständnis für Hunde haben oder aber auch einmal schlechte Erfahrungen mit einem Hundehalter gemacht haben; einzelne dramatisch aufgemachte Negativmeldungen – Gehörtes und Gelesenes – werden nur allzugern und schnell verallgemeinert. In Ausnahmefällen kann es sicher einmal vorkommen, daß ein Kind von einem Hund angefallen wird, und jeder dieser Vorfälle ist zutiefst bedauerlich. Doch stehen solche Unfälle, die meist mit einem fremden Hund passieren, in keinem Verhältnis zu den eigentlichen Risiken, denen Kinder heute ausgesetzt sind: 300 Kinder sterben jährlich auf Deutschlands Straßen, 50 000 werden verletzt. In der eigenen Wohnung verunglücken 650 000 Kinder. Wenn unsere Kinder überall so sicher wären wie bei ihren Hunden, dann könnten wir alle sehr froh und beruhigt sein.

In den Medien gibt es immer wieder Diskussionen über sogenannte Kampfhunde. Es gibt aber keine Kampfhunde. Dieser Sammelbegriff für bestimmte Hunderassen ist biologisch unsinnig. Die Verhaltensforschung hat nachgewiesen, daß das Fehlverhalten eines Hundes immer im Fehlverhalten seines Besitzers bzw. bereits in der Art und Weise der Aufzucht gründet. Erst durch falsche Erziehung kann ein Hund – und zwar unabhängig von seiner Rasse – aggressiv werden: Der „böse" Mensch ist alleinverantwortlicher Verursacher eines „bösen" Hundes.

Allerdings: So wie die Polizei und der Zoll keine Dackel oder Möpse bevorzugen und Jäger keine Bernhardiner auf die Fuchsjagd mitnehmen, so gibt es Hunde, die wirklich nicht der ideale Großstadt-Familienhund sind. Aber es gibt auch Hunde, die besonders kinderfreundlich sind. Das sind Hunde, die beim Spielen und Toben auch mal einen Knuff vertragen können, die nicht zu lärmempfindlich und nervös sind, eher gutmütig, aber dennoch ein mehr oder weniger verspieltes Temperament besitzen.

Dazu gehören z.B. Beagle, Boxer, Collie, Pudel, Golden Retriever, Neufundländer, West Highland White Terrier, Dalmatiner, Eurasier. Wobei – wie schon erwähnt – ein „Kinder"-Hund als Welpe positiven Kontakt mit Kindern gehabt haben sollte. Denn was dieser in den ersten Wochen erlebt, setzt sich in seinem Gedächtnis fest und wird ihm lebenslang vertraut bleiben. Der kinderfreundliche Hund schließt schon als Hundekind Freundschaft mit Kindern.

Eine Auswahl besonders kinderfreundlicher Familienhunde, ihre Vorzüge, ihre Besonderheiten, ihre Lebenserwartung, wollen wir deshalb noch etwas näher beschreiben.

Kinderfreundliche Hunderassen

Airedale-Terrier

Der Airedale-Terrier hat viele gute Eigenschaften: Er ist ein typischer Familienhund, wachsam, gutmütig, nimmt nichts übel und ist ein perfekter Babysitter. Seinen Namen verdankt er einem Fluß in der Nähe der englischen Stadt Leeos. Airedale-Terrier werden 22 Kilogramm schwer und etwa 14 Jahre alt.

Beagle

Die gute Laune zählt zu den Kennzeichen der Beagles. Von Natur eigentlich ein Jagdhund, fühlt er sich in der Meute, sprich Familie, pudelwohl. Beagles sind besonders gesellig, anhänglich und von einem unbändigen Spieltrieb. Sie werden 10–18 Kilogramm schwer und etwa 12 Jahre alt.

Boxer

Ein temperamentvoller Schmuser – die richtige Beschreibung für den Boxer. Er bleibt bis ins Alter spielfreudig und munter, ist ausgesprochen kinderlieb und dabei ein unerschrockener Beschützer seiner Familie. Boxer werden etwa 30 Kilogramm schwer und zwischen 8 und 10 Jahre alt.

Collie
Ein Hund, der eine Menge Liebe von der Familie haben möchte - und sie zurückgibt. Collies sind lerneifrig und haben einen großen Schutztrieb. Die Fellpflege nimmt bei dem langhaarigen Hund etwa eine Viertelstunde täglich in Anspruch. Collies werden 30 Kilogramm schwer und bis zu 15 Jahre alt.

Eurasier
Aus Chow-Chow, Wolfsspitz und Samojede entstand die Rasse der Eurasier – mittelgroße, etwas spitzartige Hunde, deren Kopf noch ein wenig den Wolf ahnen läßt. Im Gegensatz dazu aber sind Eurasier ideale Familienhunde, denn sie spielen und schmusen sehr gern. Sie werden bis 30 Kilogramm schwer und leben etwa 14 Jahre.

Mittelschnauzer
Der bärtige Schnauzer taucht schon in den Werken Albrecht Dürers auf. Er gilt als anhänglich, mutig, wachsam und ausgesprochen sportlich. Dabei ist er bei aller Zuverlässigkeit fröhlich. Mittelschnauzer werden 15 bis 18 Kilogramm schwer und haben eine Lebenserwartung von 14 Jahren.

Neufundländer
Er ist der Robin Hood unter den großen Hunden, denn er verteidigt Schwache gegen Starke. Der Neufundländer ist durch kaum etwas zu erschüttern. Wo er wacht, kann ein Kind unbesorgt spielen. Er wird imposante 60 Kilogramm schwer und etwa 10 bis 12 Jahre alt.

Rauhhaardackel
Pfiffig und fröhlich, munter und verspielt – und auch ein wenig dickköpfig, das ist der Rauhhaardackel. Gerade durch seine Eigenwilligkeit ist er bei den Kindern so beliebt – und weil er ausgesprochen zärtlich ist. Rauhhaardackel können bis zu 10 Kilogramm schwer und 12 Jahre alt werden.

Tibet-Terrier
Der Tibet-Terrier sieht wie eine Miniaturausgabe des Bobtail aus. Er ist ein ruhiger, wachsamer Hund. Allerdings ist die Haarpflege etwas aufwendig. In Tibet wurde er zur besonderen Ehre als Glücksbringer verschenkt. Tibet-Terrier können über 16 Jahre alt werden. Sie wiegen bis zu 11 Kilogramm.

West Highland White Terrier
Den meisten ist der „Westi" als der weiße Terrier von der Whisky-Reklame bekannt. Dennoch ist er weniger Schoßhund als vielmehr ein unkomplizierter Spielkamerad – kinderlieb und unempfindlich. Der kleine Terrier wird rund 8 Kilogramm schwer und, wie alle Terrier, recht alt, nämlich etwa 14 Jahre.

Golden Retriever
Dieser Hund ist mit Liebe leicht zu erziehen. Er ist aufmerksam, ruhig, treu, hat ein gutes Gedächtnis und ist als ausgesprochener Kinderhund geduldig und immer gutmütig. Golden Retriever werden etwa 37 Kilogramm schwer und 13 Jahre alt.

Dalmatiner
Er ist ein ganz unerschrockener, außerordentlich wachsamer, unkomplizierter und fröhlicher Hund. Er läßt sich leicht erziehen und kann rasch bestimmte Aufgaben übernehmen. Für Kinder ist er ein idealer Spielkamerad. Dalmatiner werden ca. 23 Kilogramm schwer und etwa 13-15 Jahre alt.

Airedale-Terrier

Beagle

Boxer

Collie

Eurasier

Mittelschnauzer

Neufundländer

Rauhaardackel

Tibet-Terrier

West Highland White Terrier

Golden Retriever

Dalmatiner

Die richtige Hunde-Ernährung

Ein Hund, der gesund und munter bleiben soll, muß artgerecht ernährt werden. Aber was ist artgerecht? Die Wissenschaft ist – im positiven Sinne – auf den Hund gekommen, hat in den letzten Jahrzehnten mehr über den Hund gelernt als die Menschen in den rund 14 000 Jahren, als er sich ihnen anschloß und zum Haustier wurde. Vor allem auf dem Gebiet der Ernährung läßt sich heute genau sagen, was für einen Hund gesund ist und was ihn krank macht. Ganz alte Zoologiebücher reihen den Hund einfach unter die Fleischfresser ein. Brehm (1829-1884) nannte ihn einen Allesfresser. Das eine ist so falsch wie das andere. Ein ausschließlich mit Fleisch gefütterter Hund wird krank. Wie sein Vorfahre, der Wolf, ist er nämlich ein Beutetierfresser, der nicht nur das Fleisch des erlegten Tieres zu sich nimmt, sondern auch den Magen- und Darminhalt mit den darin befindlichen Pflanzenteilen. Diese nicht einseitige, sondern ausgewogene Nährstoffzusammensetzung bietet heute praktisch nur Fertignahrung. Sie enthält alle lebensnotwendigen Nähr- und Aufbaustoffe wie Eiweiß, Fett, Kohlenhydrate, Vitamine und Mineralstoffe in genau aufeinander abgestimmten Anteilen. Das Futtermittelrecht, dem die Heimtierfertignahrung unterliegt, verlangt hier ganz strenge, gesetzliche Anforderungen mit entsprechenden lückenlosen Kontrollen. Zum Beispiel: Vollnahrung enthält eine Mischung aus Teilen vom Rind, Schwein, Lamm, Wild und Geflügel sowie Schlachtnebenprodukte wie Herz, Leber, Lunge, Pansen oder Nieren. Hinzu kommen Getreide und Gemüse als Lieferanten von pflanzlichem Eiweiß und Fetten sowie Kohlenhydraten. Diese Zusammenstellung garantiert, daß der Hund genau diejenigen Nährstoffe im richtigen Verhältnis aufnimmt, die er für seine Entwicklung und Gesundheit benötigt.

Fertignahrung ist daher ein Alleinfuttermittel – und zwar vom Welpenalter an. Aber auch beim Hund selbst sind die Geschmäcker verschieden; manche mögen Abwechslung, weshalb es bei der Fertignahrung unterschiedliche Geschmacksrichtungen gibt. Wichtig ist auch, daß der Hund stets ausreichend frisches Wasser in seinem Trinknapf hat. Das gilt besonders bei Trockennahrung. Aber so, wie sich nun viele Menschen selbst falsch ernähren, tun sie dies leider oft auch mit ihren Hunden – aus falscher Sparsamkeit oder aus mißverstandener Liebe. Beides schadet, mit mehr Vernunft würden viele Hunde länger leben. Die häufigsten Fehler bei der Hundeernährung sind:

Der „fette" Fehler:
Wenn der Hund mehr frißt, als er an Energie verbraucht, wird er fett und damit auch leichter krank. Das geschieht meistens, wenn Tischreste verfüttert werden, fette Wurst, fetter Käse.

Der „rohe" Fehler:
Vor allem rohes Schweinefleisch kann Viren enthalten, die die absolut tödliche Aujeszkysche Krankheit verursachen, gegen die noch kein Medikament gefunden worden ist. Deshalb rohes Schweine-, aber auch Rindfleisch und Innereien immer abkochen. Tiefgefrieren nützt gar nichts, denn die Viren widerstehen allen Minus-Temperaturen. Auch Salmonellen lassen sich nur durch Kochen unschädlich machen. Wer dagegen Fertignahrung nimmt, braucht sich keine Sorgen zu machen, denn sie ist schonend sterilisiert. Außerdem muß pflanzliche Nahrung gekocht werden, denn nur so kann das Tier die Nährstoffe richtig verwerten.

Der „Mischungs"-Fehler:
Vor allem Kalzium und Phosphor sind für einen Hund wichtig. Wichtig ist aber das genaue Mischungsverhältnis dieser Mineralstoffe zueinander, da sonst Knochenmißbildungen drohen. Die Fertignahrung garantiert dieses Verhältnis.

Der „älteste" Fehler:
Es geht dabei um das Füttern am Tisch, ein Jahrhunderte altes Ritual. Dem bittend-bettelnden Hundeblick kann die Familie vielfach nicht widerstehen. So kommt es zu sehr fragwürdigen

Liebesbeweisen, sozusagen häppchenweise. Leider sind diese Häppchen aber im Regelfall alles andere als gesunde Hundenahrung. Sie enthalten z. B. zuwenig Eiweiß und zu viele Kohlenhydrate und vor allem zu viel Fett. Außerdem ist ein bettelnder Hund bei Tisch ausgesprochen lästig, und man kann es ihm dann nur noch schwer abgewöhnen. Deshalb gilt der Grundsatz von Anfang an: Bettelt der Hund bei Tisch, dann kann es nur ein klares „Nein" geben, an das man sich auch strikt halten sollte. Futter darf der Hund nur im eigenen Napf und nur zu den gewohnten Zeiten erhalten, am besten, bevor die Familie ißt. Denn ein voller Bauch bettelt nicht.

Der „eiskalte" Fehler:
Niemals darf Hundenahrung direkt aus dem Kühlschrank in den Napf. Die Kälte bekommt keinem Hund; am besten ist Zimmertemperatur. Welpen und junge Hunde sollten drei- bis viermal am Tag, ausgewachsene Hunde ein- bis zweimal und ältere Hunde zwei- bis dreimal am Tag gefüttert werden.

Der „Umstellungs"-Fehler:
Wenn man von selbstgemachter Hundenahrung zu Fertignahrung übergehen will, sind anfangs Verdauungsstörungen möglich; deshalb gilt der Tip: langsam umgewöhnen, zuerst kleine Mengen Fertignahrung in das gewohnte Futter mischen. Den Anteil erhöhen, bis der Hund sich ganz an die Fertignahrung gewöhnt hat; wird die Fertignahrung gewechselt, z. B. eine andere Geschmacksrichtung, treten keine Probleme auf.

Der „selbstgemachte" Fehler:
Für einen normalen Hundehalter, der nicht auf wissenschaftlich fundierte Tabellen zurückgreifen kann, ist es kaum möglich, eine Hundemahlzeit zuzubereiten, die alle notwendigen Bedürfnisse abdeckt. Denn Nähr- und Aufbaustoffe wie Eiweiß, Fette und Vitamine – und da wiederum fett- und wasserlösliche Vitamine – sowie Mineralstoffe und Ballaststoffe müssen in einem genau ausgewogenen Verhältnis zusammengestellt werden.

Die Hundepflege

Die Pflege des Hundes ist im Regelfall problemlos. Mit Ausnahme von einigen Rassen, die auch gekämmt werden müssen, wie zum Beispiel der Bobtail, reicht es völlig aus, wenn der Hund ein- oder zweimal in der Woche gebürstet wird. Dadurch bekommt er dann ein sehr schönes Fell. Durch das Bürsten wird der Hund aber zugleich auch massiert, und das empfindet er wie ein äußerst behagliches Kraulen. Schon kleinere Kinder können diese Pflege übernehmen, und das macht dann meistens beiden, Kind und Hund, großen Spaß.

Wie steht es nun mit Trimmen und Scheren des Hundes? Darauf gibt es keine eindeutige Antwort, denn dies hängt ganz von der Rasse ab. Beagle, Boxer, Dalmatiner oder Labrador zum Beispiel werden weder geschoren noch getrimmt. Terrier und Schnauzer dagegen sollten zwei- bis dreimal im Jahr „in Form" gebracht werden; Pudel gingen – zumindest früher – fast so oft wie Frauchen zum Friseur. Etwa zweimal im Jahr sollte der Hund gebadet werden. Hierzu nimmt man ein seifenfreies, mildes Spezialshampoo aus dem Zoogeschäft, damit dem Fell nicht zuviel Fett entzogen wird, das es vor Nässe und Kälte schützt. Nach dem Baden den Hund zwei bis drei Stunden nicht ins Freie lassen, damit er sich nicht erkältet. Abtrocknen ist unnötig. Notwendig dagegen ist, daß man mit einem weichen Zellstofftuch regelmäßig die Augenwinkel von Sekret säubert und die Ohrmuschel trocken auswischt. Einmal im Monat träufelt man ein spezielles Ohrreinigungsmittel hinein. Der Tierarzt zeigt es einem beim ersten Mal. Ihm sollte man auch das Schneiden der Krallen überlassen. Bei Hunden, die viel auf Straßenpflaster laufen, wetzt sich die Hornhaut allerdings weitgehend von selbst ab.

Wichtig ist dabei noch ein weiteres: Die sogenannten Wolfskrallen, die sich vor allem bei großen Hunden in der Mitte der Beine befinden, sollte man am besten schon in den ersten Lebensmonaten entfernen lassen. Denn die Hunde können damit sich und andere unabsichtlich verletzen, wenn sie z. B. herumtollen.

Sauberkeit, Impfungen und Tierarztbesuch

Alle Eltern wissen, daß es viel Geduld, Konsequenz und auch einer gewissen Strenge bedarf, um Kindern das wünschenswerte Sauberkeitsverhalten beizubringen. Die Grundlage aller Krankheitsvorsorge ist die persönliche körperliche Sauberkeit; dies gilt in gleicher Weise auch für den Umgang mit einem Heimtier. Einschlägige wissenschaftliche Untersuchungen zeigen ganz eindeutig, daß bei Beachtung einer tiergemäßen Ernährung und Pflege, der Einhaltung aller vorsorgender Impfungen einschließlich der Entwurmung sowie bei einer ausreichenden persönlichen körperlichen Hygiene (Hände waschen) eine gesundheitliche Gefährdung des Menschen durch einen Hund und umgekehrt praktisch ausgeschlossen werden kann.

Man vermeidet dann jegliches gesundheitliche Risiko, wenn man folgende Regeln beachtet:

1) Immer vor dem Essen die Hände waschen; es wäre allerdings sehr übertrieben, wenn man sich die Hände nach jedem Streicheln des Hundes waschen würde.
2) Der Hund muß so erzogen werden, daß er Menschen nicht ableckt; Kindern muß man sagen, daß sie sich nicht von ihm mit der Zunge ins Gesicht fahren lassen.
3) Für Futter und Wasser sollte jeweils ein eigener Napf vorhanden sein; die Reinigung des Futternapfes erfolgt am besten nach jeder Fütterung, mindestens einmal täglich.
4) Den Lieblingsplatz des Hundes – den Korb – regelmäßig reinigen und Decken, Tücher und Kissenbezüge waschen oder auswechseln.
5) Regelmäßige Impfungen sind die wichtigste Gesundheitsvorsorge. Von der geimpften Mutter bekommen die Welpen mit der Milch Schutzstoffe, die sie bis zur siebten Woche immunisieren. Danach erhält der kleine Hund die erste kombinierte Grundimpfung z. B. gegen Staupe und Leberentzündung; es handelt sich dabei um eine bakterielle Entzündung, die Hunde sich leicht beim Baden in Tümpeln holen. Die Impfbescheinigung bekommt man vom Züchter. Danach ist der Hundebesitzer verantwortlich: In der

zwölften bis vierzehnten Woche kommt die zweite Grundimpfung. Jeweils einmal im Jahr müssen notwendige Impfungen wiederholt und im Impfpaß eingetragen werden.

6) Junge Hunde müssen grundsätzlich entwurmt werden, erstmals etwa in der fünften Lebenswoche, dann bis zum Alter von einem Vierteljahr alle vierzehn Tage, bis zum Alter von eineinhalb Jahren alle drei Monate. Die Wurmkur selbst ist einfach: Es wird dem Futter eine Paste beigemischt.

Welche Kur erforderlich ist, sagt der Tierarzt. Das Medikament gibt es in der Apotheke. Auch größere Hunde müssen regelmäßig entwurmt werden. Faustregel: Wenn Kinder im Hause sind, mindestens jedes halbe Jahr. Ein Hund, der regelmäßig entwurmt wird, stellt keinerlei Gefahr für die Gesundheit dar. Denn die regelmäßigen Kuren haben auch eine vorbeugende Wirkung gegen Wurmbefall. Zurückhaltend sollte man beim Streicheln oder Füttern von fremden, ungepflegten oder streunenden Hunden sein. Denn sie könnten unter Wurmbefall leiden. In seltenen Fällen können sich Kinder nämlich mit den Eiern des Hundespulwurms infizieren, wenn sie sich von einem solchen Hund ablecken lassen.

7) Zecken: Diese lösen beim Hund keine Krankheiten aus – sie sind nur lästig. Deshalb sollte man sie entfernen. Mit etwas Öl den herausstehenden Hinterleib der Zecke einpinseln, dann bekommt der Parasit keine Luft mehr und fällt von alleine ab. Mit etwas Geschick kann man die Prozedur abkürzen, indem man nach dem Einpinseln die Zecke vorsichtig gegen den Uhrzeigersinn herausdreht. Wichtig, um Entzündungen zu vermeiden: Der Kopf und die Beißwerkzeuge müssen mit herauskommen. Übrigens gehen Zecken nicht mehr an Menschen, wenn sie sich einmal mit Hundeblut vollgesogen haben. Im Zoohandel gibt es außerdem spezielle Hunde-Halsbänder, die den Zeckenbefall verhindern helfen.

Wenn der Hund plötzlich anfängt, sich heftig zu kratzen oder ins Fell zu beißen, hat er sich wahrscheinlich einen

Floh eingefangen. Am besten hilft dann Baden mit einem Parasitenshampoo (vom Tierarzt). Der Hundefloh ist Zwischenwirt für einen bestimmten Bandwurm, und deshalb sollte man in einem solchen Fall den Hund immer auf Bandwürmer mitbehandeln.

8) Nach dem ersten Antrittsbesuch beim Tierarzt sollte man regelmäßig, mindestens einmal im Jahr – schon wegen der fälligen Impfungen –, mit seinem Hund zum Tierarzt gehen. Wenn der Hund allerdings einige Tage an Durchfall oder Erbrechen leidet und auch tagelang nicht an seinen Freßnapf geht, dabei apathisch wirkt und sich in seinem Korb zusammenrollt, dann müßte man unbedingt einen Tierarzt aufsuchen. Natürlich gilt dies auch in allen Fällen einer ernsthaften Verletzung.

Ob ein Hund sich wohl fühlt, ist einfach zu erkennen: Er hat dann nämlich glänzende Augen, ein waches Interesse, einen erhobenen Kopf und ein ganz und gar lebendiges Wesen. Ob ein Hund sich wohl fühlt, erkennt man auch an seinem Appetit und der guten Verdauung.

9) Auslandsreisen mit dem eigenen Hund sind im Regelfall kein Problem; schon gar nicht seitens des Hundes, denn zu Hause fühlt sich der Hund auch auf Reisen und im Urlaub – Hauptsache, seine Familie ist dabei. Ausnahmen, wo man Hunde nicht ohne weiteres mitnehmen kann, bilden nur die Britischen Inseln, Irland, Schweden und Norwegen. Diese Länder schreiben bei jedem Tier eine Quarantäne von vier bis sechs Monaten vor. Bei längeren Reisen sollte man auch darauf achten, daß die für die Bundesrepublik Deutschland vorgeschriebene Tollwutimpfung noch nicht abgelaufen ist.

Die folgende Tabelle zeigt, welcher Impfschutz wo, unter welchen Bedingungen erforderlich ist, und wo man nicht so einfach hinfahren kann.

	Tollwut-schutz Impfung*)	Impfung vor mindestens	Impfung gültig	Amtstierärzl. Gesundheitszeugnis nicht älter als	Tierärztliches Gesundheitszeugnis nicht älter als
Baltische Staaten (Estland, Lettland, Litauen)				10 Tage	
Belgien	○	1 Monat	12 Monate		
Bulgarien	○ 1)	1 Monat	12 Monate	10 Tage	
Dänemark	○ 1)	1 Monat	12 Monate		
Finnland	○ 1)	1 Monat	12 Monate		
Frankreich	○ 2)	1 Monat	12 Monate		
Griechenland	○ 1)	15 Tagen	12 Monate		ja
Großbritannien**)					
GUS				10 Tage	
Irland**)					
Italien	○ 3)	20 Tagen	11 Monate		30 Tage gültig
Luxemburg	○ 4)	1 Monat	12 Monate		
Niederlande	○ 5)	1 Monat	12 Monate		
Norwegen**)					
Österreich	○ 3)	1 Monat	12 Monate		ja
Polen	○ 1)	21 Tagen	12 Monate	ja	
Portugal	● 6)	1 Monat	12 Monate	ja	
Rumänien	○ 7)	14 Tagen	6 Monate	10 Tage	
Schweden**)					
Schweiz	○ 1)	1 Monat	12 Monate		
Slowakien	○ 1)	1 Monat	12 Monate		
Spanien	○ 8)	1 Monat	12 Monate		14 Tage
Tschechien	○ 1)	1 Monat	12 Monate		
Türkei	○ 1)	14 Tagen	6 Monate	2 Tage	
Ungarn	● 9)	1 Monat	12 Monate	8 Tage	
USA	●10)	1 Monat	12 Monate	ja	

*) Der Einfachheit halber sollte diese Impfung vom Tierarzt gleich in den Internationalen Impfpaß eingetragen werden, der gleichzeitig bei der Rückreise nach Deutschland als Identitätsnachweis gilt.

**) 4-6 Monate Quarantäne

○ = vom Tierarzt bestätigt

● = vom Amtstierarzt bzw. amtlich beglaubigt

1) Bescheinigung, daß in den letzten 3 Monaten im Heimatort und im Umkreis von 40 km keine Tollwut aufgetreten ist

2) Hunde jünger als 3 Monate: Importgenehmigung aus Frankreich

3) Maulkorb und Leine sind mitzuführen

4) Impfung ist bei Tieren unter 3 Monaten nicht obligatorisch

5) Impfung 1 Jahr gültig, wenn der Hund nach dem 3. Lebensmonat geimpft wurde; 3 Monate gültig, wenn er vorher geimpft wurde.

6) Gesundheitszeugnis sollte unmittelbar vor der Reise ausgestellt werden

7) Impfung darf bei der Wiedereinreise in die BRD nicht länger als 6 Monate zurückliegen

8) Gesundheits- und Impfzeugnis in deutscher und spanischer Sprache erforderlich

9) Impfung gegen Staupe muß im Internationalen Impfpaß eingetragen sein

10) Hunde unter 3 Monaten: 4-monatige Hausquarantäne vorgeschrieben; Sonderbestimmungen in einzelnen US-Bundesstaaten

Hundeverhalten und Regeln des Umgangs mit einem Hund

„Wie spricht der Hund?" Dies muß ein Kind lernen, wenn sich dauernde Freundschaft entwickeln soll:
Auch ein Hund hat ganz bestimmte Zeichen – Gebärden, Mienen und Laute –, die für seine Verständigung mit anderen Hunden und auch mit Menschen wesentlich sind. Hunde können „sprechen" – man muß nur ihre Sprache verstehen. Das bedeutet, genaues zuhören und zuschauen. Denn der Hund hat eine hörbare (bellen, knurren, winseln) und eine sichtbare Sprache, nämlich seine „Körpersprache", um sich verständlich zu machen. Je genauer man die „Sprache" eines Hundes kennt, desto genauer weiß man, was er empfindet, wie ihm zumute ist, was er einem sagen will.

Wie für jede „fremde" Sprache braucht man auch zum Verstehen der „Hundesprache" etwas Zeit. Kinder haben und nehmen sich Zeit, hocken oder liegen in Augenhöhe ihrem Hund gegenüber und beobachten ihn ganz genau. Da Kinder sehr schnell lernen, werden sie sensibel für Mienen, Gebärden und Laute, lernen kleine Unterschiede im Verhalten kennen, können sich besser auf ihren Hund einstellen. Hunde sind für Kinder immer ein Beobachtungstraining, was für sie auch in Verbindung mit der Beobachtung von Menschen sehr wesentlich ist. Eltern sollten ihren Kindern natürlich auch beim Erlernen der Hundesprache behilflich sein, damit Kinder ihrem Hund gegenüber immer richtig reagieren. Sie wissen dann z.B., daß Bellen nicht gleich Bellen ist. Da gibt es das fröhliche Bellen, das einfach sagt: Ich bin glücklich. Oder das freudige Jauchzer-Bellen, das sagt: Schön, daß Du kommst. Oder die hellen wiederholten Einzel-Beller, die auffordern: Komm, spiel mit mir. Oder laß uns spazieren gehen. Oder das Alarm-Bellen, mit knurrend warnendem Unterton: Vorsicht, da kommt jemand, den ich nicht kenne. Knurrt er, will er uns warnen. Genauso unmißverständlich ist die Körpersprache des Hundes; die folgenden Abbildungen zeigen die verschiedenen Verhaltensweisen und das, was sie bedeuten.

1) Der Hund *döst*, ist entspannt und mit sich und der Welt zufrieden.

2) Der Hund wird *aufmerksam*. Da ist doch etwas passiert!?

3) Der Hund ist jetzt *ganz aufmerksam*. Wo ist was los – ich bin bereit, in Aktion zu treten.

4) Der Hund ist *freundlich*, interessiert. Je steifer die hochgereckte Rute, desto größer die Spannung oder das Selbstbewußtsein.

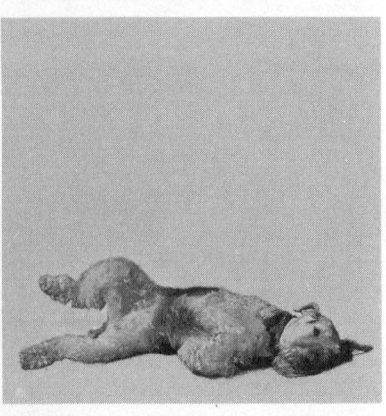

5) Der Hund ist *ergeben*, rollt sich auf den Rücken. Entweder will er spielen oder signalisiert einem anderen Hund: Ich habe mich ergeben, tue mir nichts.

6) Der Hund *freut sich*, springt hoch, wedelt vor Freude mit der Rute: Schön, daß Du endlich wieder bei mir bist.

7) Der Hund tut *aggressiv*. Steife, gerade Rute und gesträubte Haare. Drohgebärde: Paß auf, das ist meine letzte Warnung.

8) Der Hund ist *ängstlich*, zurückhaltend, die Rute eingeklemmt.

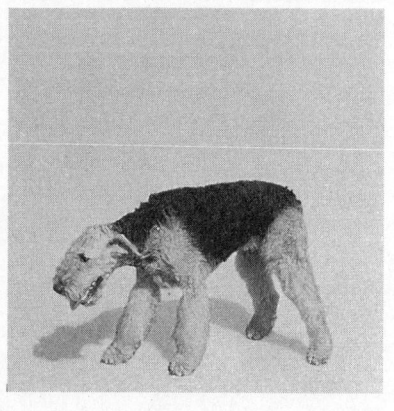

9) Der Hund gibt sich jetzt *unterwürfig*, ist in ängstlicher Stimmung.

Je genauer man die Körpersprache seines Hundes erlernt, desto genauer lernt man auch seinen Hund kennen, und es kann dann eigentlich nur noch positive Erfahrungen und Erlebnisse geben. Auch Menschen kommen nur dann gut miteinander aus, wenn sie sich wechselseitig gut kennen; dies hat aber zur Voraussetzung, daß man dem anderen zuhören kann, ihn beobachtet und auf seine Worte und Zeichen eingeht. Bei einem Hund ist dies nicht anders. Wer die Sprache des anderen nicht kennt, wird leicht unsicher, er deutet bestimmte Mienen, Gesten und Gebärden falsch, und dies führt dann sehr schnell zu Vorurteilen und auch falschen Verhaltensweisen; damit wächst aber auch das Risiko, daß auf ein falsches eigenes Verhalten auch der andere nicht wie erwartet positiv, sondern „falsch" reagiert. Eltern sollten deshalb ihren Kindern auch bei dem Erlernen der Hundesprache behilflich sein, damit sichergestellt ist, daß sie ihrem Hund gegenüber immer richtig reagieren.

Wie geht man nun mit dem jungen Hund um, wenn er in die Familie kommt?

Der Tag, an dem ein junger Hund ins Haus kommt, ist für alle aufregend. Am aufregendsten aber für den kleinen Hund und für das Kind. Deshalb ist zusätzliche Unruhe zu vermeiden, keine Spielkameraden einladen. Denn der acht bis zehn Wochen alte Hund ist plötzlich allein, noch ängstlich und muß sein neues Zuhause, seine Menschen in Ruhe kennenlernen. Aber trotz aller Nachsicht: Mit der Erziehung muß gleich am ersten Tag angefangen werden. Die wichtigsten Regeln dabei sind: Liebe, Geduld und Konsequenz. Da der Mensch weder mit dem Schwanz wedeln noch das Fell sträuben, geschweige denn die Ohren aufrecht stellen kann, muß der Hund zuerst die Menschensprache erlernen. Klare ruhige Worte, liebevoller oder wenn notwendig strenger Tonfall, unmißverständliche Handbewegungen – das sind Hörzeichen, die ein Hund schnell versteht. Als erstes muß der Hund die Hörzeichen „Brav" und „Nein" und deren Bedeutung kennenlernen. Eine liebevoll langezogenes „Braaav" soll bei ihm ein angenehmes Gefühl auslösen; ein strenges, aber ruhig gesprochenes „Nein" ein unangenehmes.

Dann beginnen die ersten wichtigen Gehorsamsübungen. Eine „Schulstunde" wollen wir etwas ausführlicher behandeln: Der Hund soll möglichst bald lernen, auf „Sitz" sich hinzusetzen. Was „Sitz" bedeutet, begreift er aber erst, wenn er sitzt. Damit er es tut, muß man sich zum Hund hinunterbeugen und mit Daumen und Zeigefinger der linken Hand sein Hinterteil sanft nach unten tippen. Sobald er sitzt, berühren Sie ihn liebevoll mit der flachen linken Hand an der linken Schulter und sagen leise „Sitz". Gehorcht er, loben Sie ihn nach ein paar Sekunden mit „Braav". Diese Sitzübung muß man täglich wiederholen, auch an der Leine. Mit der Zeit freut sich der Hund über jedes Lob und gehorcht. So muß er auch „Platz", „Komm", „Geh", „Bleib" behutsam lernen. Es ist wichtig, daß das Kind solche Übungen miterlebt, konsequente Hunderziehung lernt und nicht mit anderen Hörzeichen den Hund verwirrt.

Das Kind erfährt jetzt zunehmend auch, daß so ein Lebewesen Verantwortung bedeutet. Der Hund muß morgens, mittags und abends mindestens eine halbe Stunde ins Freie, damit er sein Geschäft verrichten kann. Es ist übrigens sehr einfach, einem Welpen zu zeigen und beizubringen, wo er „darf". Tragen oder führen Sie ihn regelmäßig (nach dem Aufwachen und nach jeder Mahlzeit) an eine bestimmte Stelle im Garten, an einen Wiesenrand, ein Gebüsch im Park oder an den Rinnstein. (Im übrigen sollte jeder Hundebesitzer Rücksicht auf seine Mitmenschen nehmen. Es ist nicht zuviel verlangt, ein „Häufchen" auch zu beseitigen.)

Zweitens braucht ein Hund Bewegung – Laufen, Toben, Springen. Vor allem Rüden wollen auch ihr Revier „markieren". Dazu sollte man genug Zeit lassen, denn er schnüffelt so nicht nur die Nachrichten seiner Artgenossen, sondern kann sie auch begrüßen – was für ihn wichtig ist. Dem Menschen tut so ein ausgiebiger regelmäßiger Spaziergang ebenfalls gut – besonders auch Kindern: frische Luft jeden Tag bei jedem Wetter.

Kind und Hund sind sehr schnell Kumpel auf „Du und du". Trotzdem oder gerade deshalb kann es beim Spielen oder Toben einmal heftig zugehen. Da wird der Hund am Schwanz gepackt, geknuddelt und geknufft. Und dann wehrt er sich, was sein gutes Recht ist. Weglaufen ja, aber nicht zupacken – das muß er schon im Welpenalter lernen – am wirkungsvollsten mit einem kräftig energischen „Nein" oder „Pfui". Und wenn das nicht richtig wirkt, dann muß man ihn auch schon einmal am Genick packen und kräftig schütteln.

Was ein junger Hund allerdings nur schwer begreift, ist folgende Situation. Andere Kinder kommen zu Besuch, eine Balgerei geht los. Der Hund kann das leicht als Angriff auf „sein" Kind, das er doch liebt und beschützen will, mißverstehen und geht dazwischen. Deshalb sollte bei Kinderbesuchen, z. B. Kindergeburtstagen, ein Erwachsener den Hund immer im Auge behalten.

Nun ist aber noch eine weitere Frage zu beantworten: *Was kann ein Kind in welchem Lebensalter mit einem Hund anfangen, und was sollten die Eltern dabei alles beachten.*

Sicherlich kann ein Kind schon in einem Alter von zehn Monaten etwas mit einem Hund anfangen; das weiche Fell regt zum Streicheln an, die tapsigen Bewegungen zu ersten gemeinsamen Spielen. Niemals sollte man aber ein Kind im Krabbelalter mit einem Hund alleine lassen. Es könnte sein, daß es vom Tier durch seine Körperhaltung – Krabbeln – leicht als unterlegen angesehen und nicht als Partner anerkannt wird. Mit zunehmendem Alter entdeckt ein Kind immer neue Anregungen zum Spielen und Streicheln. Aber auch wenn es sich mit viel Freude und Vergnügen mit einem Hund beschäftigt, sollte man beide – zumindest bis zum Kindergartenalter – nie unbeaufsichtigt spielen lassen. Den Umgang mit dem Hund muß das Kind unter der Anleitung seiner Eltern oder auch der älteren Geschwister lernen.

Ein Kind kann zunächst niemals der „Herr" des Hundes sein. Denn Hunde brauchen immer eine Autorität, und dies kann nur der Vater oder die Mutter der Kinder sein. Diese Autorität ist besonders wichtig, wenn der Hund groß, das Kind dagegen klein ist, damit der Hund, immerhin ein Rudeltier, seinen Spielgefährten nicht als den „Schwächeren im Rudel" ansieht. Zwar kann ein Sechsjähriger schon mit einem auch mittelgroßen Hund richtig umgehen, aber eine konsequente und vollständige Pflege und Versorgung sind – wie uns dies ja auch die Kinder selbst berichtet haben – noch nicht möglich. Eltern müssen eben erst mit Hilfe des Hundes ihren Kindern vermitteln, was es heißt, für ein Lebewesen selbst verantwortlich zu sein. Kinder können allmählich und mit zunehmender Regelmäßigkeit lernen, das Fell zu bürsten, den Hund zu füttern und für seinen Auslauf bei jedem Wetter zu sorgen. Kinder werden so in die Verantwortung für ihren Hund hineinwachsen.

Die Entwicklung einer positiven Kind-Hund-Beziehung ist aber auch davon abhängig, daß ein Hund zunächst einmal von den Eltern gut erzogen wird und problemlos gehorcht. Dies ist besonders wichtig, wenn Kinder mit ihrem Hund allein spazierengehen möchten. Hier gilt: Das Tier muß die wichtigsten Hörzeichen befolgen. Darüber hinaus spielt aber auch die Größe des Tieres eine Rolle. Sicherlich kann ein Kind im Schulalter mit einem Dackel spazierengehen. Mit einem Schäferhund ist dies erst im Jugendalter (ab 14 Jahre) möglich.

Bis etwa zum 12.–15. Lebensjahr muß allerdings die „Oberaufsicht" über den Hund immer noch bei den Eltern liegen. Kinder können erst etwa ab dem 15. Lebensjahr zu einer vom Hund anerkannten Autorität werden. Hat das Kind die volle Verantwortung für „seinen" Hund übernommen, sollten die Eltern unauffällig im Hintergrund weiter darüber wachen, daß die neue selbständige Partnerschaft auch wirklich klappt.

Welche Regeln gelten nun für den Umgang mit Hunden?

Kinder müssen nicht nur lernen, mit ihrem Hund zusammenzuwachsen und zurechtzukommen, sondern sie müssen auch angeleitet werden, wie ein Hund artgerecht behandelt wird. Das ist nicht schwierig, wenn sie Hundehaltung regelrecht – wie das Einmaleins – lernen.

Damit Eltern ihren Kindern auch das Richtige beibringen, hier noch einmal die wichtigsten Grundregeln (wir schließen uns dabei weitgehend den Formulierungen des *Verbandes für das Deutsche Hundewesen* an). Wenn ihr Kind noch nicht lesen kann, lesen Sie ihm die folgenden elf Regeln am besten vor:

1. Regel
Behandle einen Hund immer so, wie du auch selbst behandelt werden möchtest. Auch du magst es nicht, wenn man bei dir an den Ohren oder an den Haaren zieht, auf die Zehen tritt oder dich auch nur einfach abknutscht, wenn dir gerade nicht danach zumute ist. Und bitte: Schrei keinen Hund an!

2. Regel
Gehe nicht zu einem Hund – auch wenn er noch so lieb aussieht –, ohne vorher den Hundebesitzer zu fragen. Wenn der Hund will, wird er schon von selbst zu dir kommen. Denn die meisten Hunde lieben Kinder, weil man so gut mit ihnen spielen kann. Wenn ein Hund auf seinem Platz in der Wohnung oder in seiner Hütte liegt – dann will er meist in Ruhe gelassen werden.

3. Regel
Vermeide alles, was ein Hund als Bedrohung auffassen könnte.

4. Regel
Schau einem Hund nicht starr in die Augen. Schau auf die Ohrenspitzen, auf seine Schnauze oder sonstwohin – nur nicht in die Augen, das fordert ihn heraus, macht ihn sogar wütend.

5. Regel
Komme nicht in die Schwanznähe, tritt nicht auf den Schwanz und versuche nie, den Hund am Schwanz zu ziehen.

6. Regel
Störe keinen Hund beim Fressen, versuche unter gar keinen Umständen, ihm aus Spaß sein Futter wegzunehmen – denn da versteht er keinen Spaß.

7. Regel
Versuche nie, raufende Hunde zu trennen. Viele Hunde spielen auch gerne mit anderen Hunden. Dabei kann es ihnen so gehen, wie es manchmal auch euch geht: Plötzlich wird aus dem Spiel Ernst. Auch wenn sich so eine Hunderauferei ziemlich schlimm anhört und böse aussieht – nie dazwischengehen. Bleib außer Reichweite. Hol Erwachsene zu Hilfe.

8. Regel
Laufe nie – egal, ob du Angst hast oder nicht – vor einem Hund davon. Erstens ist der Hund sowieso schneller. Zweitens hat jeder Hund einen Jagdinstinkt. Wenn sich jemand schnell von ihm entfernt, dann muß er einfach hinterher, um ihn festzuhalten.

9. Regel
Wenn der Hund dich einmal mit seinen Zähnen festhält – die meisten Hunde wollen nicht beißen, sondern festhalten – dann nicht bewegen und einfach stillhalten: Etwas, das sich nicht bewegt, ist für Hunde uninteressant.

10. Regel
Wenn du mit einem Hund spielst, achte sicherheitshalber darauf, daß ein Erwachsener in der Nähe ist.

11. Regel
Kein Hund ist wie der andere. Bei jedem Hund mußt du erst herausfinden, ob er dich mag (die meisten Hunde mögen Kinder).

Was Eltern über andere Heimtiere wissen sollten

Wir haben nun gesehen, welche Bedeutung ein Hund für Kinder hat, aber auch beschrieben, was alles zu beachten ist, wenn sich Kinder einen Hund wünschen und Eltern dann auch diesen Wunsch erfüllen.

Wir haben einleitend aber auch gezeigt, daß die Tierwelt die Lieblingswelt der Kinder ist, daß Kinder in ihrer Entwicklung häufig verschiedene Arten von Heimtieren besitzen. Da es ja für Eltern auch Gründe dafür geben kann, den Kinderwunsch nach einem Hund nicht gleich zu erfüllen – und sei dies nur, weil ein Vermieter solche Kinderfreuden in einem Mietvertrag verbietet – wollen wir noch einiges Wissenwerte über andere, auch vielfach geliebte Heimtiere in einer Tabelle zusammenfassen.

Meerschweinchen

Ab welchem Alter?
Ab 3-4 Jahre

Eigenschaften
Gutmütiges Nagetier, ideal für Kleinkinder, weil es sehr gesellig, anhänglich und tagsüber munter ist. Wird rasch zahm und läßt sich widerspruchslos knuddeln. Wichtig: Beißt nicht!

Lebenserwartung
6-8 Jahre

Wie spielfreudig?
Ausgesprochen kinderfreundlich, läßt sich viel gefallen: Streicheln, Herumtragen, Spazierenfahren, Schmusen. Läßt sich allerdings nicht dressieren.

Platzbedarf und Pflege
Der Käfig sollte mind. 100 x 80 cm groß sein, mit Häuschen zum Schlafen und Verstecken. Käfigreinigung und neue Streu alle 2 Tage. Die Krallen müssen ab und zu geschnitten werden. Langhaartiere regelmäßig bürsten. Braucht ständig Hartholz zum Nagen.

Ernährung
Meerschweinchen sind Dauerfresser: Mischfutter aus dem Tierhandel. Außerdem Heu, Gras, Möhren, wenig Salat, Wasser. Nie feuchtes Gemüse füttern, das Koliken verursacht.

Zu bedenkende Nachteile
Braucht viel Zuwendung, damit es nicht verkümmert. Wenn der Käfig nicht oft genug gesäubert wird, riecht es schnell. Bei falscher Ernährung besteht die Gefahr der Verfettung.

Täglicher Zeitaufwand
ca. 1/2 Stunde Spielen

Monatliche Kosten
ca. 15,- DM

Preis
15-20,- DM je nach Rasse;
Käfig 50-60,- DM

Goldhamster

Ab welchem Alter?
Ab 5-6 Jahre (als eigenes Tier,
zum Spielen auch schon früher)

Eigenschaften
Nagetier, das bei guter Behandlung sehr zutraulich wird und sehr reinlich ist. Nur als Einzeltier zu halten, weil sich zwei Hamster nicht vertragen. Schläft tagsüber, wacht meist erst am Nachmittag auf.

Lebenserwartung
Wildfarben: 2-4 Jahre
Andere Farben: 1-3 Jahre

Wie spielfreudig?
Spielt am liebsten Verstecken, indem er in Pullover, Taschen und Ärmel kriecht. Kann auch Kletterkunststücke lernen.

Platzbedarf und Pflege
Ist sehr pflegeleicht. Braucht einen ausbruchsicheren geräumigen Käfig aus Glas oder Plastik. Holz nagt er an. Reinigung: 1 x pro Woche, dabei unbedingt das Nest in Ruhe lassen!

Ernährung
Frißt gern Körnermischung. Außerdem regelmäßig frisches Obst, Gemüse oder Salat zur Deckung des Wasserbedarfs.

Zu bedenkende Nachteile
Kann zubeißen, wenn man das Tier ärgert. Nagt auch Teppiche und Möbel an, wenn man ihn frei laufen läßt. Schwirig, ihn wieder einzufangen, wenn er sich versteckt hat.

Täglicher Zeitaufwand
1/2 Stunde Spielen. Nicht aufwecken, wenn er schläft.

Monatliche Kosten
ca. 10,- DM

Preis
6-20,- DM, je nach Farbe;
Käfig mit Laufrad ca. 50,- DM

Maus

Ab welchem Alter?
Ab sechs Jahre

Eigenschaften
Wird nahezu mühelos zahm und bleibt es auch. Die Tiere sind so gezüchtet, daß sie nicht beißen.

Lebenserwartung
ca. 2 Jahre

Wie spielfreudig?
Ausgesprochen unterhaltend, dabei sehr gelehrig. Läßt sich gern anfassen und streicheln. Turnt auch gern auf (und in) der Kleidung herum.

Platzbedarf und Pflege
Braucht einen nagefesten und ausbruchsicheren Käfig (möglichst groß und mit Schlafkiste). Wichtig: Klettergerüste und Laufrad. Die Pflege ist leicht: Nur die feuchten Stellen im Streu täglich entfernen, Käfigreinigung alle drei Tage.

Ernährung
Körner aller Art, dazu immer wieder mal (nicht zu oft) Leckerbissen vom Familientisch. Außerdem Obst und Gemüse, hartes Brot und natürlich Wasser.

Zu bedenkende Nachteile
Ohne regelmäßige Käfigreinigung entsteht unangenehmer Geruch. Zu bedenken: Bei Pärchenhaltung gibt es sehr viele Junge.

Täglicher Zeitaufwand
Ohne 1/2 bis 1 Stunde Beschäftigung am Tag wird es der Maus langweilig, sie verkümmert.

Monatliche Kosten
ca. 10-15,- DM

Preis
Ab 4,- DM; Käfig ca. 30,- DM

Zwergkaninchen

Ab welchem Alter?
 Ab sechs Jahre

Eigenschaften
 Ist tagsüber munter und hat einen großen Bewegungsdrang. Wird praktisch nie stubenrein. Viele Tiere sind handzahm, andere können auch zubeißen. Die Weibchen sind meist anschmiegsamer.

Lebenserwartung
 10 Jahre und länger

Wie spielfreudig?
 Spielt gern wild, schmust aber auch gern. Dressuren (außer Männchenmachen beim Füttern) nur selten möglich.

Platzbedarf und Pflege
 Großer Käfig (mind. 60 x 90 cm) mit Drahtdeckel. Meist ist tägliche Reinigung nötig. Kann im Sommer auch auf dem Balkon leben (zugfrei, ohne direkte Sonne). Wichtig ist täglicher Auslauf.

Ernährung
 Kaninchen sind Dauerfresser. Im Zoohandel gibt es Fertigfutter. Sonst Gras, Möhren, Sellerie, hartes Brot, Obst und Wasser.

Zu bedenkende Nachteile
 Frei laufende Kaninchen knabbern in der Wohnung viel an, sogar Elektrokabel.

Täglicher Zeitaufwand
 Braucht mindestens 1/2 Stunde Spiel am Tag, ebenso viel Freilauf (nur unter Aufsicht!).

Monatliche Kosten
 ca. 15 bis 25,- DM

Preis
 ca. 20 bis 30,- DM, je nach Farbe

Katze

Ab welchem Alter?
Ab fünf, falls die Katze neu angeschafft wird

Eigenschaften
Ist ein sehr individuelles und sensibles Tier, nur bis zu einem gewissen Grad erziehbar. Eigentlich ein Nacht- und Dämmerungstier, doch auch tagsüber munter. Bei guter Behandlung sehr zutraulich und schmusig. Wird sehr schnell stubenrein.

Lebenserwartung
14 Jahre und länger

Wie spielfreudig?
Wenn die Katze von klein auf an Kinder gewöhnt ist, sehr spiel- und kinderfreundlich. Bei unruhigen Kindern eher eigenwillig und scheu.

Platzbedarf und Pflege
Kann auch nur in der Wohnung gehalten werden. Braucht aber mehrere Plätzchen für sich. Sehr pflegeleicht. Reinigung der Katzentoilette: Mindestens jeden zweiten Tag. Langhaarkatzen täglich bürsten.

Ernährung
Fertignahrung (Trocken- und Dosenfutter) deckt alle Bedürfnisse. Fleisch nur gekocht! Milch wird schlecht vertragen. Außerdem täglich frisches Wasser.

Zu bedenkende Nachteile
Haart das ganze Jahr. Außerdem wetzt sie an Möbeln ihre Krallen. Ausweg: Kratzbrett oder Kratzbaum. Nicht kastrierte Katzen können mit ihrem Liebesjammern sehr laut werden. Vorsicht bei Allergien!

Täglicher Zeitaufwand
Braucht viel Ansprache, den Zeitpunkt bestimmt aber die Katze selbst. Langhaarkatzen: ca. 20 Minuten bürsten.

Monatliche Kosten
ca. 60–80,- DM

Preis: Hauskatzen: bis 40,- ; Rassekatzen ab ca. 200,- DM

Wellensittich

Ab welchem Alter?
  Ab acht Jahre

Eigenschaften
  Ein geselliger und sehr anhänglicher Vogel. Wenn kein zweiter Sittich im Käfig lebt, werden Kinder und Erwachsene für ihn die besten Freunde. Sollte noch ganz jung in die Familie kommen. Manche Sittiche lernen sogar sprechen.

Lebenserwartung
  12–13 Jahre

Wie spielfreudig?
  Fühlt sich am wohlsten, wenn er im Mittelpunkt des Interesses steht. Läßt sich auch gern das Gefieder kraulen und knabbert den Bewohnern zärtlich am Ohr.

Platzbedarf und Pflege
  Braucht einen möglichst großen Bauer (mit Badegelegenheit) an einem hellen, nicht zugigen Platz in der Wohnung. Käfig, Futternapf und Wasserschale am besten täglich reinigen. Möglichst oft im Zimmer fliegen lassen.

Ernährung
  Jeden Tag frisches Wasser und Spezialfutter aus der Zoohandlung. Ab und zu mal einen Leckerbissen: Kolbenhirse, ein Salatblatt oder ein Stück Apfel.

Zu bedenkende Nachteile
  Braucht als einzelner Wellensittich mehr Aufmerksamkeit und Zuwendung, als man das bei einem Vogel vermuten würde. Aus Gesundheitsgründen nur einen Vogel aus kontrollierter Zucht!

Täglicher Zeitaufwand
  1/2–1 Stunde.

Monatliche Kosten
  ca. 12,- DM

Preis
  5 bis ca. 50,- DM, je nach Farbe; Käfig ca. 40,- DM.

Ausblick

Ganze Weltalter von Liebe werden notwendig sein, um den Tieren ihre Dienste und Verdienste an uns zu vergelten.
(Christian Morgenstern)

Wir haben die Kinder selber sagen lassen, was für sie Heimtiere im allgemeinen und Hunde im besonderen bedeuten; wir wissen, welche „Verdienste" ihnen in einer Zeit zunehmender Risikofaktoren kindlicher Entwicklung zukommen. All dies sollte uns, insbesondere als Eltern, nachdenklich stimmen.

Wir wissen aber als Erwachsene auch, daß Eltern ihren Kindern strenggenommen nur zwei Dinge mit auf ihren Lebensweg geben können: Faustregeln, die die eigene Lebenstüchtigkeit begründen, und schöne Erfahrungen und Erinnerungen, die ihnen nichts und niemand nehmen kann. Heimtiere sind eine wesentliche Möglichkeit, sowohl Regeln im Umgang mit Lebewesen zu lernen und anzuwenden, wie auch Erlebnisse zu haben, die in der Erinnerung fest verankert sind, weil sie ein wesentlicher Bestandteil kindlicher Lebensqualität sind.

Natürlich ersetzen Heimtiere keine Menschen, aber sie sollten wieder ein selbstverständlicher Bestandteil unserer Familien sein. Nicht zuletzt deshalb, weil sie uns fördern, fordern, miterziehen, mit-heilen, Naturverbundenheit gewährleisten und aus all diesen Gründen auch ihren Beitrag dazu leisten, daß wir wieder etwas menschlicher werden: Kinder wie Erwachsene könnten dies gerade heute dringend gebrauchen.

Kinder verstehen

Karin Neuschütz
Lieber spielen als fernsehen
Alternativen, die Kindern mehr Spaß machen
Band 4315

Wußten Sie, daß sich Kinder immer fürs Spielen statt Fernsehen entscheiden würden? Vor allem, wenn auch mal die Eltern mitmachen. Kreative Tips und Anregungen für Spiel- und Bastelstunden.

Lilo Traun
Ciao, Mama – bis bald!
Wenn Kinder flügge werden – Lust und Frust einer betroffenen Mutter
Band 4308

Wie ist das, wenn die Kinder nur noch nach Hause kommen, weil sie etwas wollen? „Nur nicht unterkriegen lassen!" ist der Ratschlag einer betroffenen Mutter.

Manfred Bönsch
Die beste Schule für mein Kind
Was Eltern wissen sollten, wenn sie sich auf dem „Schulmarkt" umsehen
Band 4306

Ein Ratgeber, der umfassend über die verschiedenen Schuleinrichtungen informiert und Eltern den Mut macht, ihren berechtigten Interessen Ausdruck zu geben.

Bruno Bettelheim
Zeiten mit Kindern
Band 4292

Hier sind die praktischen Erkenntnisse des bekannten Kinderpsychologen, sowie seine tiefsten und schönsten Einsichten in einem Werk zusammengeführt.

HERDER / SPEKTRUM

Rita Neubauer
Als Dianita nicht nach Hause kam
Kinderhandel in Lateinamerika
Band 4289

Alltag in Mexiko: Kinder verschwinden plötzlich spurlos, Eltern suchen verzweifelt. Viele Fährten führen nach Deutschland, wo immer mehr Kinder aus Ländern der Dritten Welt adoptiert werden...

Heinrich Lang
Wenn Kinder krank sind
Praktische Tips vom Kinderarzt helfen Streß vermeiden
Band 4285

Der erfahrene Facharzt für Kinderheilkunde gibt praktischen Rat, wie man Krankheiten und ihre Symptome erkennen und einordnen kann. „Ein empfehlenswertes Nachschlagewerk" (Stiftung Warentest).

Claudia Gürtler
Freizeit – freie Zeit?
Grundschulkinder und ihre Freizeit
Band 4277

Langeweile: kein Thema! Praktische Tips, wie Eltern mit ihren Kindern die Freizeit sinnvoll gestalten können.

Gunhild Gutschmidt
Single mit Kind
Alleinerziehen – wie es die anderen machen
Band 4276

Erfahrungen alleinerziehender Mütter oder Väter, die ihr Leben mit Kind in die Hand genommen haben – mit Erfolg.

Maria Montessori
Kinder lernen schöpferisch
Die Grundgedanken für den Erziehungsalltag mit Kleinkindern
Band 4262

Vom Kind aus denken! Dieser Ansatz der genialen Pädagogin und Begründerin der Montessori-Schule hilft Eltern, Kinder als eigenständige Individuen zu fördern: Kreativ, neugierig und spielerisch leben sie sich in die Welt ein.

Mechthild Gründer/Rosa Kleiner/Hartmut Nagel
Wie man mit Kindern darüber reden kann
Ein Leitfaden zur Aufdeckung sexueller Mißhandlung
Band 4251

Wie reagieren beim Verdacht auf sexuellen Mißbrauch? Ganz konkrete Vorgehensmöglichkeiten, die helfen, Kinder aus der Spirale von Angst, Einschüchterung und falschem Schamgefühl zu befreien.

Leo Gehrig
Reden allein genügt nicht
Haltung und Verhalten in der Erziehung
Band 4246

Was tun bei Konflikten mit „den lieben Kleinen"? Beispiele und Anregungen für eine phantasievolle, ehrliche Eltern-Kind-Beziehung.

Roswitha Defersdorf
Ach, so geht das!
Wie Eltern Lernstörungen begegnen können
Band 4243

Damit die Lust am Lernen nicht zum Frust wird: Erprobte Hinweise, wie Eltern ihrem Kind helfen können, Lernblockaden abzubauen.

HERDER / SPEKTRUM

Thilo Kroll/Franz Petermann
Was kranke Kinder brauchen
Hilfen für den Alltag mit chronisch kranken Kindern
Band 4239

Ein Ratgeber vom ersten Arztgespräch bis zur Entlassung aus dem Krankenhaus – und für die Zeit danach, wenn der Alltag ungewohnte Anforderungen stellt.

Judith S. Kestenberg/Janet Kestenberg-Amighi
Kinder zeigen, was sie brauchen
Wie Eltern kindliche Signale richtig deuten
Band 4222

Darauf können Sie vertrauen: Ihr Baby weiß selbst am besten, was es braucht. Hilfreiche Hinweise für gestreßte und schlaflose Eltern.

Ingeborg Becker-Textor
Unser Kind soll in den Kindergarten
Ein neuer Schritt für Eltern und Kinder
Band 4219

Kindergarten – ein neuer Lebensabschnitt. Hoffnungen, Erwartungen, Ängste. Praktische Tips für das Miteinander von Eltern, Kindern und ErzieherInnen.

Eva Rachor-Waldeck
Mama, sag bravo!
In der Familie offen miteinander umgehen
Band 4210

Friede, Freude, Eierkuchen – so sieht kein Familienalltag aus. Dennoch gibt es Wege, das Zusammenleben von Kindern und Eltern harmonisch zu gestalten.

Armin Krenz
Seht doch, was ich alles kann
Was uns Kinder sagen wollen
Band 4209

Die Innenwelt des Kindes. Ein Buch, das die Vielfalt kindlicher Ausdrucksformen lesbar macht und hilft, Fähigkeiten besser zu entfalten.

HERDER / SPEKTRUM

Christine Swientek
Was Adoptivkinder wissen sollten und wie man es ihnen sagen kann
Band 4199

„Wie sag' ich's meinem Kinde?" – die zentrale Frage für alle Adoptiveltern. Praktische Tips für ein entspanntes, offenes Familienklima.

Emil E. Kobi/Heidi Roth
Kinder von Aggressiv bis Zerstreut
Ein Ratgeber für den Erziehungsalltag
Band 4182

Damit aus einer Kinderzimmer-Mücke kein Elephant wird: überzeugende Vorschläge, die Probleme lösen und Fehlentwicklungen erkennen helfen.

Erziehen mit Musik und Bewegung
Praxisanleitung zur musikalisch-rhythmischen Erziehung
Herausgegeben von Catherine Krimm-von Fischer
Band 4171

Eine umfassende Einführung in die musikalisch-rhythmische Erziehung mit vielen praktischen Beispielen.

Christine Swientek
Wer sagt mir, wessen Kind ich bin?
Von der Adoption Betroffene auf der Suche
Band 4163

Praktische und psychologische Hinweise, die sowohl Adoptivkindern, als auch ihren leiblichen und „neuen" Eltern helfen, sich einander anzunähern.

HERDER / SPEKTRUM

Emmi Pikler
Friedliche Babys – zufriedene Mütter
Pädagogische Ratschläge einer Kinderärztin
Band 4141

Emmi Pikler warnt vor frühen Überforderungen: Babys brauchen Zeit, um in Ruhe ins Leben zu wachsen. Ein Klassiker der Erziehungsliteratur.

Walter Pacher
Ich will doch nur das Beste für mein Kind
Spielregeln und Übungen nach Gordons Familienkonferenz
Band 4119

Dieses jahrelang erprobte Modell bietet leicht nachvollziehbare Hilfen, die frischen Wind ins Familienklima bringen.

Walter Pacher
Wenn Kinder immer anders wollen
Mehr Sicherheit und Gelassenheit für Eltern
Band 4118

Zuckerbrot und Peitsche sind keine Wundermittel gegen kleine Querulanten! Mehr wirkt da schon ein klärendes Gespräch am runden Familientisch.

Marianne Arlt
Pubertät ist, wenn die Eltern schwierig werden
Tagebuch einer betroffenen Mutter
Mit einem Nachwort von Christine Swientek
Band 4100

Wenn Kinder „in die Jahre kommen", ist der Familienfrieden dahin. Marianne Arlt erzählt von heftigen Erfahrungen und wie man trotzdem ganz gut mit ihnen leben kann.

HERDER / SPEKTRUM

Rüdiger Rogoll/Ulrike und Christa Marwedel
Ich mag mein Kind – mein Kind mag mich
Transaktionsanalyse für Eltern
Band 4095

Gelassenheit und Freude im Umgang mit Kindern: Erziehung kann zum Spiel werden in einem Team von Partnern. Eine verlockende Pädagogik.

Betty Jean Lifton
Reise ins Labyrinth der Kindheit
Memoiren einer Adoptivtochter
Band 4085

Man kann nicht leben, ohne seine Eltern zu kennen: eine junge Frau auf der verzweifelten Suche nach ihren verborgenen Ursprüngen.

Marianne Oesterreicher-Mollwo
Tagebuch für meine indianische Tochter
Geschichte einer Adoption in Peru
Band 4084

Ein Buch, wie es nur das Leben selbst schreiben kann. Die Geschichte von der abenteuerlichen Suche nach einem verlassenen Kind.

Gerhard Bühringer
Drogenabhängig
Wie wir Mißbrauch verhindern und Abhängigen helfen können
Band 4064

„Erfolgreich erprobte Hinweise. Ein Buch, das Vorbeugung ermöglicht und Betroffenen Mut macht" (Aufbruch).

Rudolf Dreikurs/Loren Grey
Kinder lernen aus den Folgen
Wie man sich Schimpfen und Strafen sparen kann
Band 4055

Ein Erziehungsstil, der Kindern frühzeitig dazu verhilft, eigenständige Erfahrungen zu sammeln und mit Freiheit richtig umzugehen.

HERDER / SPEKTRUM

Werner Gross
Was erlebt ein Kind im Mutterleib?
Aktualisierte Neubearbeitung
Band 4051

Was man tun kann, um die seelische Entwicklung und die Erlebnisfähigkeit des Kindes bereits vor der Geburt positiv zu beeinflussen.

Roswitha Defersdorf
Drück mich mal ganz fest
Geschichte und Therapie eines wahrnehmungsgestörten Kindes
Band 4041

Daniel – ein scheinbar ganz normales Kind. Und doch ist er nicht in der Lage, Sinneseindrücke zu ordnen. Eine betroffene Mutter erzählt vom Weg der Therapie.

Waltraud von Tucher
Das Baby-Nest
Ein Kampf gegen Paragraphen und Lieblosigkeit
Band 4026

„Ein Buch voll mit Geschichten, die viel über die Bedürfnisse von Kindern mitteilen" (Bayerisches Fernsehen).

Verena Kast
Loslassen und sich selber finden
Die Ablösung von den Kindern
Band 4002

Sich loslassen und sich als Erwachsene neu begegnen. Phasen und Chancen im Ablösungsprozeß von den Kindern.

HERDER / SPEKTRUM